武者小路公秀【編】
川勝平太
姜尚中
榊原英資

新しい「日本のかたち」

外交・内政・文明戦略

藤原書店

新しい「日本のかたち」

内政・外交・文明戦略——目次

I 問題提起

II ディスカッション

III　座談会を終えて

帯・化粧トビラ・本文写真提供＝市毛實

I 問題提起

なぜ日本にグランドデザインが無いのか

武者小路公秀

このコーディネーターをお引き受けしたのは、このテーマが私にとってとても大事だからです。外交問題を研究する者として、日本外交の一番の特徴は何かというと、まさにグランドデザインがないということです。本当にないのか、あって見えないのか、あって隠しているのか、いろんな可能性があります。ないながらも何かあるかもしれない。つまり無意識的なグランドデザインは、もしかしたらあるかもしれない。そのグランドデザインについて、たとえば環境問題についてとか、いろいろ問題がありますけれども、個別的な問題の方から入ったのではグランドデザインはできるけれども、なぜグランドデザインがないかというところから入っていかないと、意味がない。われわれが、グランドデザインを出して、いくら日本はこうすべきだということをいっても、もともとそれをするような経済的、政治的、あるいは文化的な準備ができていない。それは別に政府だけの問題ではなく、市民社会もそうかもしれないし、一般的な問題があるのではないかと。そういうことで、先生方がいろいろ縦横無尽にお話をいただければ、そのグランドデザインがどうして、いままでなかったのか、見えてこなかった二十世紀から、二十一世紀にはそれが出てくるような可能性を探るということが必要なのではないかということがここで議論すべき第一の問題です。

そういうことで、総論をはじめにして各論を後にするということですと、議論がばらばらになってしまいますので、むしろグローバル金融の問題、環境の問題、移住労働者の問題など、あらゆる問題を議論のなかに入れながらのご意見をいただくことにしたいと思います。そういうディスカッションをしていくということができるとよい。つまりはじめに一般論だけやって、後で各論に入るというのではなくて、はじめから議論のなかで具体的な問題がどうなっているのかということを議論していきたい。たとえば環境問題といっても、結局、京都会議で日本がまとめ役だったところを、ブッシュ政権になってから「京都議定書」を批准しないということになったので、環境問題も日米問題に入ります。そういう形であらゆる問題がつなげていけるのではないかと思います。そういうことで、ミクロの問題はたくさんありますけれども、それをマクロの、全体のグランドデザインが欠如しているという歴史状況のなかでどう見るかということができれば一番いいのではないかということで、コーディネーターをやらせていただきたいと思います。

そういうことで、私の方からのいわばたたき台として、四つの問題を提案させていただきたいと思います。

日本外交のグランドデザイン

まず、「日本外交のデザイン」ということでいえば、珍しくしかも戦後はじめにはっきりしたデザインを出したのは、吉田茂です。吉田茂以来、日米機軸ということが続いている。これはどういう意味があるかということがあります。ただアメリカの言いなりになっているとも見えるのですけれども、たとえば高坂正堯さんなどは海洋国家論ということで説明した。海洋国家同士で日米がつながるという理屈も、もしかしたらあるかもしれない。その地政学的なヴィジョンというものは今日考えられるのか。そうすると大陸の方の問題も考えなければならない。日本が海洋国家なら、中国等とは別な立場になる。そういうことも考えらなければならないと思います。

新世界秩序との向き合い方

もう一つ、いまのグローバル経済のなかで日本がバブルになり、そしてそのバブルがはじけた。そこで、小泉さんが痛みをともなう形で、とにかくグローバル・スタンダードを日本で完全に実施するということで、国民の圧倒的な支持をえたことになっています。しかし、その路線が果たして日本の国益にとっても、あるいは日本経済の利益にとってもいいのか。あるいはアジアの国々の利益にとっても、アジアの諸国民の利益にとっても、本当に正しいのかどうかという問題があります。日米機軸はよろしいのですけれども、その機軸をどういうふうに活かすかというときに、グローバル・スタンダードということで、アメリカの言いなりになることがいいかどうかが問題です。そうすることは、アメリカに対してもあまり有効でなく、しかも友好的なやり方でもない。アメリカがまちがったことをしているのであれば、日本はそれを正す方が友好国として当然なので、そこはどうなっているのかということもはっきりさせないといけない。

またある意味では、日本機軸ということになるのは、日本がアジアで孤立しているために、一番近い同盟国としてアメリカしかないからだという問題があるのではないかと思います。具体的には、中国とか朝鮮、韓国との協力をどう進めていくかというときに、やはり歴史的な問題がありますし、そのなかで植民地主義の問題がある。もちろん、これは日本だけが植民地主義をやったわけではないし、日本も植民地主義の対象になって、それを跳ね返すために日本が植民地主義を採用したということもあるのではないかと思います。そういう歴史の場面のなかでの日米機軸ということも大事ではないかと思います。

その上、今日では、すべての問題の中心に「九月十一日事件」があります。その前提としては、やはり小泉さんががんばらなければいけないような、グローバルな経済の問題のひずみがある。そういうゆがんだグローバル社会のなかで、日本がどう生きるかという問題があります。その場合にやはりアメリカを中心とする、あるいはドルを中心とする国際金融の安定をどうするのかという経済金融的な問題と、そのなかでアジアという地域の経済・金融をどうするかという問題、それともっと軍事的な、あるいは警察的な意味をもっている反テロ戦争と、そういうものがどうつながっているのかという問題があります。つまりアメリカを中心とする、今日の――ブッシュさんのお父さんの言葉を使えば――「新世界秩序」というもののなかで、日本は一体どうなっていくのか。どういうグランドデザインをもって、「新世界秩序」に協力するにしろ、批判するにしろ、どうしていくのかということが、第二点です。

市民社会の成熟はあるのか

第三点は、もう少し、さらに国際金融の問題のなかでの日本経済のあり方が、やはり非常に大きな問題になるのではないかと思います。さきほどから、たびたび申し上げていますように、アジア金融基金構想というような、まさに金融危機を乗り越えるための短期的にも長期的にも有効な、グランドデザインの出発点になるようなことが出てきたのに、それが消えてしまった。また出てくるといいとは思いますけれども、そこが一体どうなっているのかという問題。それからまったく立場が違うとは思いますが、世界中でいろんな反グローバル化のデモなどが起こって、三万人から五万人ぐらいの市民が集まるのに、日本の市民は非常におとなしい。それはどうしてなのかということがあります。このこともふくめて、グローバル経済、あるいはグローバル金融の問題、賭博場経済の問題、そういうものに対する自覚的な姿勢をとるべきではないかと思います。これは政府の問題、政策の問題だけではなくて、日本市民社会自体がかなりのんきなようにみえる。それとも、あきらめの境地に入っているのかもしれないと思うのですが……。そこをなんとか乗り越えないと、グランドデザインがでてこない。つまり、いまのネオ・リベラリズムの立場にたつグローバル化が望ましい現象であるということを、もしも、われわれみんなが、アメリカの一部の人たちみたいに、本当に信じているのなら、それはそれでグローバル化メガコンペティションを徹底して進めることがいいことだといえます。ですけれども、われわれ日本人は、そうだと信じてもいないのに、仕方なしにグローバル・スタンダードを無批判に受け入れている。そこをなんとかしなければいけないという問題も、日米機軸とつながるのかもしれませんが、問題の第三点です。

文明論の視点から

第四点として、文明の問題、文化の問題が一番背景にあります。しかもある意味で二十一世紀のグランドデザインということでしたら、長期的な展望、長い持続、長い時間の問題が大事になってくる。そして、文明の問題が浮き彫りにされてくるのではないかと思います。そこで日本がどういう立場をとるかが問題にされなければならない。たとえば、われわれ日本人は、生活の商品化を否定する商業文明であるイスラーム文明とアメリカの商品化文明とのあいだの対立のなかに巻きこまれてしまっているけれども、こちらはまた別の文明をもっているのではないかということもあります。また、文明間の衝突ということが起こったら、一番こまるのは、非西欧諸国のなかで突出して近代化しているということで、西欧と非西欧との板挟みになる日本です。積極的に、この衝突を避けるための対話を進めていく、その歴史的な可能性も日本にはあるのではないかということがいえると思います。

ただ、日本だけががんばってもしょうがないし、いまのように東アジアの中で日本が孤立しているかぎり、そういう対話の担い手になることができないという問題があります。そこで、東アジアの政治経済的・歴史的な状況の問題と、文明間の対話の可能性、そういうものをどう考えていけばいいのかということを考えていけるとよいと思います。イスラーム世界と西欧の間の関係と、中国と日本の間の関係が近代化のなかで対応しているという川勝さんの理論もありますし、そういう長い文明・文化の間の関係というものも、もしご議論いただければ、そのなかに植民地主義の問題も歴史的に入って、植民地主義という体験では、イスラーム世界と東アジア世界は共通したものをもっているはずで、ただ日本は植民地主義の、むしろやる側に立っているという面の問題もありますし、そこをどう考えていくのかということもふくめて、ご議論いただければありがたいと思います。

植民地主義のことで、姜さんが前に指摘していらっしゃったことで、日本の政治学において、丸山政治学においてさえも、コロニアリズム、ポスト・コロニアリズムに対する感受性が、足りないのではないかというご指摘があります。そのようなこともふくめて、歴史をどうとらえるかという問題のなかで、非常に大事ではないかという気がいたします。これは私の方からの問題の大雑把なとらえ方で、それにとらわれる必要はございませんが、先生方からグランドデザインについて、この四つの問題のどれかにおふれいただくようなお話がいただければありがたいと思います。

それではまず、榊原さんからよろしくお願いいたします。

外交の基本は対米依存からの脱却にある

榊原英資

日米関係について

まずその四つの点に添って言いますと、私は高坂さんの吉田さんへの評価というのは過大評価だと思います。あの時期の政治的選択としてはやむをえなかったという気がしますが、その後、日米機軸が日本の戦後の外交、あるいは戦後の国家のあり方の基本になってしまったということは、非常に問題であろうと思います。結局、いまの日本のいろいろな問題をたどっていくと、日米機軸、安保条約に行き着くわけです。つまり日本はいま国家としての体をなしていない。そして国家としての体をなしていないことを選択したのが、じつは吉田茂であって、その時期の吉田茂の論理を非常にゼネライズすると、結局、ここでダレスが言ったような形の再軍備をして、双務的な条約を結べば政権は倒れざるをえず、結果として日本は社会主義化してしまうと。その時の言論界の状況、その時の政治状況からいって、これはやむをえない選択だというのが、おそらく吉田の本心だったろうと思います。ところが一〇年たったら、それをひっくり返さなければいけなかったんですけれども、結局、ひっくり返らなかった。それが基本になって、日本は基本的にジョージ・ケナンが言ったように、つねに頸動脈に安全カミソリを突きつけられて、それでいつでもアメリカが切れるというような形の、ある意味では半国家であり、国家としての体をなしていない。

これは軍備だけではなくて、情報についても同じようなことが言えます。情報的にも半独立ということになっている。基本的にいまの外務省の外交の最大の問題もそこであって、アジア外交を展開する上でも、たとえばアジア通貨基金みたいな話ではＡＳＥＡＮ＋３（中国・韓国・日本）と考えますけれども、そこで本当に経済協力を進めようとしたときには、必ず安全保障の問題に行き着くわけです。

　そうすると、日米安保をどうするのかという基本的な問題に答えなければ、アジアとの協調はできないということです。たまたま去年の十一月に韓国の経団連で、アジアについてのシンポジウムがあった時に、ＡＳＥＡＮ＋３で、たとえば国際金融とか貿易とか、直接投資について協調を進めるべきだとぼくが言ったら、その時の議長がキッシンジャーで、日米安保はどうするんだ、とただちにボンと返ってきた（笑）。日本だとそういう発想はなかなか出てこないのですが、彼はピンとくるわけです。要するに、いまの日本をふくめてアジアの関係というのは、アメリカからのハブ・アンド・スポーク――アメリカがハブで、スポークがたくさん出ている――という形ですから、日本あるいは韓国が、アジアの中だけである種のグルーピングをつくるということは、基本的にアメリカのアジア政策に反するわけです。

　ですから、そこを基本的に日本はどう考えるのかということで、私は当然のことながら、安保条約は改定しなければいけないし、また、憲法を改正すべきだと思います。日本が独立国としてのきちんとした体をなした上でならば、アメリカとの友好関係は維持するということは、それでいいと思います。海洋国家としての友好関係を維持するのはいいと思いますけれども、それと同じスタンスで中国との友好関係も考えるというところにもっていかないと、いつまでたっても日本はグローバルなパースペクティヴをもてないし、あるいはもとうとしても相手にしてくれないという、要するにそういう話になる。そこはまさに武者小路さんの問題提起が基本を突いていると思いますが、そこはやはり基本的にもう一度議論しなおすということで、それは私は共産党的な独立ということをいっているのではなくて、やはり日本が国家として、ネイション・ステイトとしてのプライドとインテグリティを、安全保障、経済、政治すべての面でもつ必要があるということだと思います。

グローバル化について

第二の問題のグローバル化ということも、これに関係してきますけれども、そういう形で日本がグローバル化しなければいけないというのは、ぼくはある程度はそうだと思います。ただ、アメリカ機軸ということを抜いてグローバル化を考えれば、ある種のネットワークになります。ですから当然のことながら、アメリカとのネットも必要だし、中国とのネットも必要だし、また地理的な関係からいけば、日本はアジアのなかのネットワークが非常に重要になってくる。そういう意味での国際化、グローバル化は日本はおおいに進めるべきであって、これはアメリカの言いなりになるということとは違います。明らかに違うので、一番目の日米機軸、あるいは――私はナンバー2ポリシーと言っていますけれども――ナンバー2ポリシーみたいなものを放棄すれば、おのずから日本独自の、あるいはアジアのなかでのグローバル化の戦略が出てくるのではないかというような気がしております。

アジア通貨基金も一つですけれども、私はその後、展開してきたASEAN+中国・韓国・日本というフレームワークができていますから、そのなかでの経済協力、場合によると、そのなかでの安全保障みたいな話にはアメリカを入れてもいいと思います。アメリカを入れて、NATOみたいな形にしてもいいと思いますけれども、とにかく地域の安全保障、地域の経済協力、そういうものを進めていくことが非常に重要ではないか。

市民社会論

それから日本に市民社会が育ってないと言われました。私は規制緩和論者ではないんで、ですからそういう意味で、アメリカ型の規制緩和を進めろという気はまったくありませんけれども、日本経済を見てみますと、だいたい八割から九割がきわめて社会主義的です。非常に規制が強い。

たとえば、今日もたまたま薬品会社と話をしていたんですけれども、たとえば医薬という分野を例にとってみますと、これは国に完全にコントロールされています。そういう分野が非常に日本は多いんです。雪印問題もそうですけれども、食品業界は農水省に完全にコントロールされています。

ですからそういう意味での規制の緩和は、じつは必要です。ある意味ではそのために、市民社会が育っていない。そういう社会主義化で規制された分野では、じつは市民的なネットワークは生きていないというところがあります。日本で市民社会をつくっていくためにも、日本のかなりの部分が社会主義的になっているところは解かなければいけない。それがある意味ではアジアとの協調につながっていくと思います。たとえば、雪印であれば食品加工ですけれども、食品加工業界が本来の意味でオープンになれば、たとえば農業でそうとうアジアとの関係が出てくるはずです。ところがそれをきわめて規制的に運営しているものですから、アジアとの関係が農業とか食品加工で出てこない。今度の雪印の話でも、ふつうはああいうときは外資を入れるんですけれども、農協が支援するといっている。まさに社会主義体制のままでやるといっているわけですから、そういうところで、農業でも食品加工でも、日本の企業なりアジアの企業なりがお互いに交流するようになれば、ずいぶんネットワークという意味で違ってくるはずです。

文明論について

最後の文明的なことからいうと、新しい形のネットワーキングというのは、おそらくアジアとか海洋とか、じつは西洋近代とは違った形のネットワーキングがおそらく出てくると思います。そこで日本が果たし得る役割は小さくはない。ただ、私が日本人に警告をしたいのは、日本というのはきわめて閉鎖的な国ですから、キリスト教文明も理解してないし、イスラーム文明も理解してない。そういう人があいだに立って何かできるかといっても、まず最初に勉強してくれといら話であって、おそらくアジアについてもほとんど理解してない人が多い。アジアの多様性とか、アジアの多宗教性とか多民族性とかも、日本は非常に理解しにくいポジションにいますから、むしろ日本の役割ということをいうよりは、まず日本がそういうなかに入っていくということが最初ではないだろうか。日本はたまたま近代化に成功して非常に豊かな国になりましたから、お金があるというだけで人がつきあってくれているわけですけれども、本来の意味で日本がアジアのなかに入っていくというプロセス、別に「脱欧入亜」とは言いませんけれども、そのプロセスがまだないんです。だからそのプロセスを抜きにして、アジアで役割を果たすということは、あまりできないのではないかという気がするので、まずアジアのなかに入っていく。そのときに日本の経済力をいろんな形で利用していくのは当然のことですけれども。

そういうことで、むしろよくぼくは、外国人が来ると言うんですけれども、日本というのはアジアの遠辺にある小さな島ですからと。そういう地理的な、島であるということはメリットだと川勝さんはおっしゃるかもしれませんけれども、そのくらいの態度でアジアとつきあうということ。そのためにはやはりアメリカのトラウマというか、いままでの対米依存を決定的に捨てないと、日本の外交はどうにもならないんです。いまの外務省がどうにもならないのは、やはり外務省の外交の基本にそれがあるからです。そうすると、全部、安全保障問題に戻ってきて、アメリカのいうことを聞かなければいけないんだということが、一番最後の最終的回答として戻ってくる。そこを断ち切らなければいけないということがきわめて重要で、これはおそらく国家的な選択です。吉田茂の選択は、一つの大きな国家の命運を決めるような選択だったけれども、この選択もけっして軽くない。この重い選択をしなければ、二十一世紀の日本の役割といっても、ほとんど意味がないものになってしまいます。

一国単位主義を超えた日本の自立へ

姜尚中

日米二国間主義からの脱却と、国際的連携

どうしてぼくがここにいるのか、よくわからないのですが……(笑)。榊原さんや川勝さんとの合意点は、たぶん二つあると思います。一つはアメリカのトラウマからどうやって脱却するかという点です。それは、日米「二国間症候群」から解き放たれることを意味しています。このこと

は、例えば、テロを防ぎ、それをうみ出す構造的な問題の解決にはグローバルな取り組みが必要なはずですが、それとの取り組みをたえず米国との関係においてしか判断できないような日本外交の守旧的なやり方を変えることを示しています。他方では二国間症候群の反動として、日本一国主義的な対応によって問題を解決しようとするスタンスがあります。榊原さんも川勝さんもそうした立場に対して異論をおもちではないでしょうか。

それで私の考えでは、十九世紀から二十世紀にかけて日本が国家としてのグランドデザインをもった時期は二つあると思います。そのひとつは明治国家の初期の段階です。明治国家は不平等条約から脱却するために、約四〇年近くかかりました。それを撤廃して、国際法体系のなかで自前の国家になることが草創期の近代日本の国家的な目標となったわけです。もちろん、ご存知のとおり、その裏面としてまだ万国公法体系のフルメンバーとして認められていなかった明治国家は、他方では早熟的に帝国主義への道を歩み、東アジアの旧来の国際秩序を覆して、国民国家の原理を押しつけるアジアにおけるエージェントの役割をも果たしたわけです。

それからもうひとつグランドデザインらしきものをかかげようとしたのは、あの「十五年戦争」時期だったと思います。それは、最終的には「大東亜共栄圏」として内外に宣布されましたが、それがほとんど内容の乏しい大言壮語であったことは知っての通りです。それでも、地政学的な生存圏としての「帝国」を構想しようとした点で注目すべき出来事であったことは間違いありません。もちろん、それは虚妄の「帝国」でした。しかし、竹内好などがずっとこだわったように、そのような虚妄の「グランドデザイン」のなかにある種の地域主義的なビジョンが倒錯した形で反映していたと言えるかもしれません。

その間に日本は当時の大英帝国と日英同盟を結んでいます。今年がちょうど同盟締結から百周年にあたります。「英国贔屓」であった吉田茂が、日英同盟の戦後版として日米同盟を理解したことは、歴史家のジョン・ダワーも指摘している通りです。国家としての日本のグランドデザインを描く場合、旧帝国のリベラルな天皇重臣やそのまわりのエリートたち、さらにそれを引き継いだ戦後日本の政府や外交当局者たちが自分たちの「不文律」としたのは、「アングロ・サクソン」の覇権的な支配と衝突してはならないということであり、それとの同盟関係、あるいは見方によってはそれへの「パラサイト」によって国家としての日本の地位、その権益を安定させようとする考えでした。今も、この「不文律」は生きていますし、とくに小泉政権になってからその傾向が一層鮮明になっていることはご存知の通りです。

アジアとの連携に向けて

こうしたコンテクストのなかで東北アジア地域をみてみますと、ご承知のとおり、歴史教科書問題や「靖国問題」など、植民地や戦争の記憶をめぐる軋轢が依然としてこの地域を引き裂いています。ただ日韓関係についてみますと、「歴史摩擦」がくすぶっているとはいえ、九七年の通貨危機以来、宮澤構想にみられるような日本側の通貨危機に対するてこ入れがあったりし、発足当時の金大中政権の対日姿勢には大きな変化が起きました。それは単に政権のレベルだけでなく、韓国社会のなかの日本に対するイメージの変化ともかかわっていたと思います。確かに教科書問題で日韓関係が再び険悪になったことは否めませんが、しかしひところの「反日」という単純なスローガンで問題を解決できるという思い込みは影をひそめています。

歴史の問題は、日本の一般国民が想像する以上に韓国の場合にはそのアイデンティティの根幹にかかわっており、また韓国社会のなかの「親日派」をめぐる相克とも連動してきわめてアクチュアルなイッシューになりやすいため、金大中政権としても引くに引けない立場にたたされたと思います。

しかし他方では通貨危機にみられるように韓国経済の屋台骨を揺るがすような危機的な事態に対して日韓の協力関係が差し当たり功を奏したわけです。

歴史をめぐる相互理解にはまだかなりの時間を要するでしょうが、それでも通貨危機は、またやって来ないとも限りません。さらに日本経済の極度の不振のなか、デフレからの脱却と輸出による景気回復のために円安への誘導がはかられたりすれば、東北アジア地域に通貨切り下げの競争が起きないとも限りませんし、円安については韓国や中国が警戒していることはよく知られています。

こうした通貨のフラクチュエーション（変動）がもたらすマイナス・サムの競合状態を避け、アジア諸国間の通商と貿易を互恵的な関係にしていくためにはどうしても為替の安定、さらにはドルの変動に相対的にさほど左右されないような通貨制度の確立が不可欠ではないでしょうか。さきほど出されたアジア通貨基金という構想などは、そうした問題を解消しようとする試行錯誤のあらわれなのでしょうが、そこでも米国の意思がカギを握っています。とくにアルゼンチン並みの経済危機にさらされていると言われている日本経済の現状と不安定な円の動きをみますと、そのような通貨基金を創設する機運はかなり萎んでしまい、米国の意向がこれまで以上に大きくなっていると思います。

こうしてみると、東北アジア地域の連帯を考えるめにはどうしても「アメリカ問題」と取り組まざるをえないことがわかります。この地域と米国との関係は、要するにスポークとハブの関係に喩えられるわけですね。米国は、自らがハブとなって日本や韓国、北朝鮮や中国、さらには台湾とのそれぞれのバイラテラル（二国間）な関係を積み重ね、それぞれに戦略的なプライオリティーを置きつつ、基本的にはハブを通じてスポークが親和的もしくは対立的な関係を作るようにしてきました。それを可能にしてきたのは、ドルと圧倒的に優越した軍事力、そしてそれが「普遍性」をもつことには疑義があるにしても、米国のかかげるリベラル・デモクラシーの理念です。残念ながら、東北アジア地域にそうした米国の優越的な地位にとって代わりうる国はどこにも見当りませんし、中国も例外ではないと思います。しかしながら、それでも九七年のような通貨危機がおきたり、実物経済が金融によって根底から左右されるような経済システムでいいわけはありません。したがって何らかの東北アジア規模にわたるセーフティネットの構築が必要であり、少なくとも短期資本の過剰な流動性に左右されないような通貨システムを広げておくことが大切です。

そのためにどうしたらいいのか。もちろん依然として円はやはりそれなりの存在感のある通過ですから、その安定をはかり、補助的ではあれ、通貨危機に対処できる通貨としての役割を担うことも不可能ではないと思います。しかしながら、円が使い勝手のある通貨であるためには、やはり日本が東北アジア諸国の輸出先としてのアブソーバーの役割を果たすことが必要です。にもかかわらず、さっき榊原さんがおっしゃったように農業問題一つとっても、たとえば中国でネギをつくらせているのは日本商社ですが、そのネギなどの農産物にセーフガードを発動している有様ですから、話にならないと思います。その強硬派が農業関係のいわゆる族議員なわけでしょう。商社の人間を呼びつけて、おまえは国賊だと言って恫喝しているそうです（笑）。そうした緊急輸入制限措置の発動のようなもので日本の農業の健全な育成と競争力の回復が可能になるとは思えません。

そんな状況が続けば、円がアジア諸国の間で信任される頼りがいのある通貨になることは不可能でしょう。そのためには日本の産業構造の再編は避けられないと思いますし、ネギやイグサなどの生産者や流通業者、小売も含めて再編にともなう「手当て」が必要であることは言うまでもありませんが、それでも「改革」は避けられないでしょう。

その場合、「改革」されるべき「構造」とは何かと言えば、それは官と民、政府と市場との関係を再定義し、前者の役割が必要な部門とそうでない部門、さらに後者を生かすべき領域などの仕分けをしっかりとやる必要があるはずです。ところが、現実にはそのような仕分けがないまま、国家を「管制高地」としてそこを占拠する官と政とが相互にもたれ合いながら社会の資源やマンパワー、財やサービスの配分を決定するようなメカニズムが出来上がってしまったわけです。このようなシステムを、例えばダワーは「スキャッパニーズ・モデル」(SCAPanese Model。SCAP＝連合国最高司令官)という卓抜な表現で言い表していますが、実際米国の占領軍総司令部と日本との「合作」的なシステムとして戦後日本の経済・社会・政治の基本的なメカニズムが出来上がったと言ってもいいでしょう。

とすれば、日本の「構造改革」は、同時に戦後社会のなかの「アメリカ」との関係をどうするのか、という課題設定とリンクしていなければならないのではないでしょうか。つまり、単に経済的な仕組みを変えますといった話ではなくて、米国との全般的な関係をもう一度仕切りなおしてみるくらいのアジェンダセッティングがなければ、現在の日本が陥っている未曾有の窮境から脱却できる出口は見つからないのではないかと思えて仕方がないのです。

最近の「構造改革」は、日本一国だけが変わりうるということを言ってるわけですが、米国との関係をどうするかということを同時並行的にやらなければならないのであり、両者はコインの表と裏の関係にあると思います。このことを、さっき榊原さんは国家的な選択だとおっしゃったけれども、その場合、私と決定的に違ってくるのは、軍備と憲法の問題です。私は、二十世紀的な意味での軍事力を国家主権の証しとみなし、その軍事力を国家の責任において自由に動かせることが国家としての体をなすためにどうしても必要であり、そうでなければ外国が日本を信用してくれない、したがって憲法改正は避けられないという論理には反対です。なぜそうなのか。簡単に言えば、もはや日本の通貨当局、その最高責任者としての日銀ですらも、日本一国単位で自己完結した金融政策ができているなどとは誰も信じていないのに、どうして軍事力だけは国家主権の専権的な決定事項だと言えるのでしょうか。現に日米安保条約のパリティ（対等性）を高め、他方で軍事力の行使に対する憲法の制約を外せば、日本がより国家として独立し、率先して独自の国際的貢献が果たせるということになるでしょうか。事態は逆にますます米国の軍事・戦略的なシステムとオペレーションのなかに日本がすっぽりと組み込まれ、米軍の「ジュニアパートナー」になっていくことは必定ではないでしょうか。軍事的には単独主義を基本原則とする米国が同盟国とはいえ、日本に対して軍事力の上で独立変数としての地位を認めるとは到底考えられません。このように考えますと、日本の軍備や憲法の問題も、米国、とくに日米安保をどうするのか、両国の仕切りをどうしたらいいのか、そうした問題を抜きにしては語りえないのです。

しかしそれにもかかわらず、憲法改正の動きはとどまることを知らず、すでに有事法制の審議も上程されているほどです。今からこういうことを言うのは先走りすぎかもしれませんが、そうした動きが、近い将来日本で多数の国民の意思となった場合、私はそこから生じるであろう韓国や北朝鮮、中国との不和や軋轢を解くためにASEAN＋3、そしてアメリカを入れて、かなり大規模な総合安全保障体制みたいなものをつくる必要があると思います。その加盟国の一国が、たとえばその条約に違反するような、あるいは国連憲章に違反するような行為をした場合には、集団的に制裁をしたり、あるいはその地域に対する警察機能を果たすことのできるような仕組みです。その具体的な意図はわかりかねますが、中谷防衛庁長官がそうした構想を披瀝していますね。単なるリップサービス程度のものかどうかわかりませんが。

安全保障問題に一定の制限を

それからもう一つは、やはり専守防衛および軍備費についての一定限度の上限を日本がはっきりと明言することです。それが必要だと思います。残念ながら、憲法改正の動きが加速度的に強まっていった場合、一番恐れているのは、東北アジア地域の軍備競争に拍車がかかるのではないかということです。そして将来的には米国のなかにも日本の意図に対する猜疑心が広がりかねないと思うのです。ですから、憲法論議の過程のなかで東北アジアの平和と安定の構想をどのように考え、それに対して日本がどのように主体的にコミットしていくのか、また日本の防衛力に対してはっきりとした上限を設けるとしたらそれはどの程度なのか、これらについて国民的な議論をして、きっちりとしたコンセンサスをつくるべきです。

最後にまさしく外務省のことについては榊原さんにまったく同感で、今回のことはやはり外務次官のような外務省のトップを、アメリカ経由でなければトップにつけないという人事政策を変えなければいけないと思います。そういう点は同感です。

日本の多様性に基づく文明戦略を

川勝平太

文明戦略の必要性

私は文明の観点から述べてみます。といいますのも、「冷戦後の国際関係を律するキー・コンセプトは文明である」と思うからです。

二〇〇一年九月十一日の同時多発テロ後の最初のアメリカ大統領の一般教書演説が二〇〇二年

一月二九日に行われ、小泉首相の施政方針演説が同年二月四日に行われました。両者に興味深い共通点があります。「文明」への言及です。ブッシュ米大統領は、冒頭で、「アメリカはいま戦時下にあり、経済は後退し、文明世界は前例のない危機に直面している」と整理したうえで「アメリカはかつてこれほど強かったことはない。それゆえ、経済を再生し、国土の保全のために、戦争に勝つことが目的だ」と述べ、戦う相手はテロ国家であり、イラク・イラン・北朝鮮を「悪の枢軸」と呼び捨てました。「文明」に対置されたのが「悪の枢軸」です。小泉首相の施政方針演説は、構造改革について述べたあと、テロを「文明に対する重大な挑戦」という言い方で非難しました。平和や民主主義に対する挑戦ではなく、アメリカと同じく「文明」の名のもとにテロを非難したのです。

冷戦後の世界が「文明」論になることは、すでにハンチントンの「文明の衝突」論、イランのハタミ大統領の「文明の対話」論、国連の「文明の対話」年設定など、国際的な動きです。日本は独自の文明戦略を求められていると思います。

日本外交にグランドデザインがないという、武者小路さんの問題提起を受けて、文明の観点から日本の対外戦略をふり返ってみますと、ヴァリエーションはありますが、意外に文明が基調にあったことが知られます。姜さんが触れられたように、戦前の日本には文明戦略があった。明治期に「文明開化」が国民運動になり、明治日本が文明をめざしたことは疑いありません。その理論的根拠は福沢諭吉『文明論之概略』で与えられました。野蛮から半開を経て欧米流の文明に至るという図式を出し、福沢は「日本はまだ半開だ」と断定した。半開から文明に至るには当時の言葉でいえば「万国に対峙する一等国」になることです。目指されたのは欧米と対等の軍事力・経済力をもつ力の文明です。一九〇二年の日英同盟は、日本がその力をつけたことの当時の最先進国による国際的承認といってよいでしょう。日清戦争に勝ち、治外法権を取り戻し、日英同盟は一九〇四年、一九一一年と改定されて対等なパートナー同士の軍事同盟の色彩を強めました。明治日本の「文明開化」は第一次大戦前に目標を達成したといえます。

つづく第二の文明戦略すなわち大正・昭和前期の日本の文明戦略は「東西文明の調和」であった。第一次世界大戦で戦勝国になった日本は、西洋文明に対抗しうる東洋唯一の強国になった。それが一等国としての自覚とうぬぼれと東洋の盟主という意識を生みました。東洋の盟主日本は、西洋文明の覇権主義、植民地主義の限界を超え、「近代の超克」を課題にした。「世界史の哲学」を構想した京都学派の意識は、世界史的立場から近代を超克するというものでした。超克とは否定ではありません。西洋近代文明の限界を認識し、それを否定的に媒介して、東洋的価値を生かそうというのです。それは東洋文明を「正」とし西洋文明を「反」として両者をアウフヘーベンして「合」とする弁証法的統一といってもよいし、より平たくいえば「東西文明の調和」を目指したのです。

しかし、現実にやったことは大英帝国を真似た大日本帝国の構築であり、克服するべきイギリスを目標にした。西洋文明が科学技術を核とした物質文明であるのに対して、東洋文明は高い精神性をもつと言いながら、実際に両者を融合する方法は、武力による植民地主義でしかなかった。「東西文明の調和」はビジョンとしては立派ですが、日本がやったのは欧米の帝国主義と変わらない。それゆえ文明の衝突に帰結する以外になかった。それは「持てる国（英米）」と「持たざる国（独日）」との世界市場をめぐる熾烈な競争という当時の時代状況からくる限界であったともいえますが、大東亜共栄圏という文明戦略の限界でもあった。日本は敗戦で、共栄圏のビジョンも蹴散らされ、それの哲学的基礎づけをした京都学派の学者たちは排斥されたり懺悔道の哲学を説いた。「東西文明の調和」路線は破綻しました。しかし、近代西洋文明が、帝国主義的侵略、植民地支配、貧富の格差を生むという限界をもっていることを、戦前期の日本人がはっきりと指摘していた点は評価されてよいと思います。近代西洋文明の相対化の非西洋圏における試みとして評価できます。

二十世紀には、もう一つ、そのような近代文明に対するアンチテーゼがあった。いうまでもなく社会主義です。東洋文明は西洋文明に対する外からのアンチテーゼでしたが、社会主義は西洋内部からのアンチテーゼです。ソ連が誕生し、第二次戦争の末期から、アメリカとソ連との関係がぎくしゃくする中で、日本に残された道はアメリカにつくかソ連につくかしかなかった。吉田茂首相のいわゆる吉田ドクトリンがその回答で、日本はアメリカについた。中国はソ連についた。日本は、自由と民主主義を奉じるアメリカと同じ立場に立って経済発展で成功しアメリカと対等の力をつけました。アメリカと対抗した毛沢東中国の社会主義路線は三千万を超える飢死者を出して失敗した。対照的です。中国は改革開放路線に転じ、ＷＴＯに加盟するまでになった。いわばアメリカ路線への転換です。その脈絡では日本の対米協力ないし追随は勝ち組につく合理的な選択であったと思います。ただ、姜さんがふれられたダワーが『敗北を抱きしめて』で言っていますように、日本は戦争責任の取り方にけじめがなかった。ダワーは天皇が退位すべきだったという。

それはともかく、日本がアメリカ追随を決めた具体的表現が日米安保という軍事同盟です。軍事同盟には必ず仮想敵国がいます。ソ連でした。ソ連が崩壊した今、仮想敵国をソ連から中国に変えるのは無理がある。日本は中国と平和友好条約を結んでいます。仮想敵国ソ連が崩壊した今、日米安保条約は日米友好条約に変えていくべきではないかと思います。

ただ、戦後の外交は対米追随だけでは総括できないと思います。もう一つ国連中心主義とでもいえるものがあります。国際連合に日本人は常に希望を託しています。また、日本国憲法と国連憲章とは類似の理念に立っています。国連におけるプレゼンスを強め、国連を積極的に活かしていくのが、日本の道ではないかと思います。

国連は民主主義に立脚しています。常任理事国があるので、強国の意向が重んじられる限界はありますが、基本的には多数決主義です。日本は、常任理事国入りを目指すとともに、国際社会においてプレゼンスを高めるには、国連での多数決においてマジョリティを獲得できるように、友好国を多くもつことが重要でしょう。しかし、日本外交は強国のアメリカの意向に深入りするあまり、独自性をもてないでいます。独自の友好を結ぶ相手はＡＳＥＡＮ＋３のように近隣諸国が第一です。ただ、中国、北朝鮮、韓国のような大陸諸国と手を組んで日本が東アジアの家をつくるのはきわめてむずかしいように思います。中国、韓国・北朝鮮は誇りの高い民族なので主導権争いになる可能性が高い。この点は姜さんとちょっと違う。

日本と東アジアとの関係はヨーロッパとイスラームとの関係に似ています。ヨーロッパ地域とイスラームとは、一神教を奉ずる共通性をもちながら、一体になるのがむずかしい。二月初旬に発売された『ニューズ・ウィーク』誌は「聖書とコーラン」を特集しました。発行されるやインドネシアで販売禁止です。その中にモハンマドの肖像画が掲載されており、偶像崇拝を許さないイスラーム教に反するというので、インドネシアではこれを買ってはいかんということになって揉めました。しかし雑誌の内容は、聖書とコーランには共通するものがあることをまじめに論じたもので、ごく良心的です。両者に和解の道があることを論じた論文も掲載され、オサマ・ビンラディンのやったことはコーランの教えに背くとも述べて、今回のテロをもってキリスト教者がモスリムを誤解しないようにも配慮している。しかし、記事の内容ではなく、モハンマドの絵があるというだけで反発する。それほどクリスチャンとモスリムとの関係は微妙です。それに類して、日本と中国との関係、日本と韓国との関係は近いがゆえに些細なことで反発しあう。中国と北朝鮮・韓国との関係も対等になるには距離がある。中華意識をもつ中国人、ミニ中華意識をもつ朝鮮半島の人々が日本と対等感をもつのはむずかしい。中国大陸、朝鮮半島から日本人は恩恵を被って自立して国をつくってきました。ヨーロッパはイスラーム文明からいろんな恩恵を被って自立してきた。与えた方の側の優越意識は強力です。東アジア一体化をめざすのは困難な道です。

シルクロード外交と太平洋外交

むしろ私は国連外交を軸に文明戦略を立てることに可能性を見出しています。世界には日本を尊敬する国々があります。それはおおむね弱小国です。大陸と太平洋とに分けてみますと、まず、大陸に対しては、シルクロードに潜在的友好国がたくさんあります。シルクロードは中国とロシアとインドのような大国に挟まれている。そこはイスラーム系の人々が多い地域で、アフガニスタンもそのうちの一つです。シルクロードに位置する地域は弱小国ばかりといってよく、モンゴルからトルコにいたるまで不思議なくらい親日的です。トルコはロシアに痛めつけられていますから、日露戦争で日本がロシアに勝って、ロシアに対するルサンチマン（怨念）を日本が晴らしたということで、トルコ人の親日感は強い。同様の思いはソ連から独立したチュルク系の諸国にもあります。また、あのオサマ・ビンラディンでさえ、広島・長崎に原爆を落とされた日本に対して、自分たちも西洋諸国から痛めつけられているという同情を隠さない。日本の経済発展の成功には憧れさえもたれています。一方、日本人もシルクロードにロマンを抱いています。ユーラシア大陸に対しては、中国・ロシアのような大国と対等にわたりあうにも、弱小ながら数の多いシルクロード地域の諸国との関係を深めるのが賢明です。それは日本が多数の味方をバックに大国のロシア・中国を牽制する力をつけることでもあります。これがユーラシア大陸に対する戦略です。

一方、海洋世界に対してはどうか。日本とアメリカの間に太平洋があります。太平洋、特に西太平洋には小さな島国が点在しています。そこに津々浦々連合をつくることができます。太平洋の歴史は新しい。戦前の日本は太平洋の広域を国際連盟の委任を受けて統治し、教育をほどこしました。その効果があって、彼らは自立心を高め、親日的になりました。戦後はアメリカが国際連合の信託統治で支配しました。アメリカは太平洋地域を援助漬けにし、自立心をそいだと思います。しかし、時代の趨勢で、二十世紀末に太平洋諸国は続々と独立しました。太平洋諸国は、二十世紀前半における日本のプレゼンス、後半におけるアメリカのプレゼンスを経験して、両者を比べることができました。その経験の中から太平洋諸国の親日的態度が生まれています。弱小国ばかりですが、数は多い。日本がそれらの諸国とともに西太平洋津々浦々連合をつくりあげることはアメリカを牽制する力になります。

以上をまとめますと、強大国との外交で振り回されるのではなく、多数決主義にたつ国連外交を軸に、日本は、ユーラシア大陸に対してはシルクロード外交を、海洋については西太平洋の津々浦々外交を発展させれば、友好国を増やせます。少数の強大国との付き合いだけでなく、多数の弱小国とも付き合うことが重要です。外交問題は強大国との関係が中心になりがちですが、紛争はアフガニスタンでも東チモールでも弱小国でおこります。日本はシルクロード地域と太平洋海域に対しては、肩ひじ張らずに、しかも歴史的な重荷をもたないので気楽に交際できるのです。

西太平洋津々浦々外交は唐突のものではありません。大平正芳首相が先鞭をつけました。大平首相は経済の時代から文化の時代へという政策理念と合わせて太平洋外交に目を向けました。画期的なことでした。その流れは小渕恵三首相が二〇〇〇年の南太平洋フォーラムに属する諸国のサミット開催地を日本に誘致したことで一段と交流が深まりました。そのとき「南太平洋フォーラム」（オーストラリア、フィジー、キリバス、ナウル、ニュージーランド、パプアニューギニア、ソロモン諸島、トンガ、ツバル、ヴァヌアツ、サモア、ミクロネシア連邦、パラオ、クック諸島、ニウエの一六の国・地域からなる）を「太平洋島サミット（パスィフィック・アイランズ・フォーラム）」という名前に変更するように、小渕首相自身が依頼したのです。日本が太平洋の仲間に入るという狙いです。その提案は受け入れられました。ちなみに、小渕首相はモンゴルに自ら出かけシルクロード外交を展開することも視野にいれていた。

西太平洋津々浦々外交とシルクロード外交の両者を発展させることに日本の進むべき道があると思います。ちなみに、アフガニスタンの復興支援会議において、難民の救済や、地域社会の建設に加えて、地雷の除去というのが入っていますが、対人地雷の撤廃条約を批准したのは小渕外務大臣のときです。これらは地雷に悩む諸国、それらは大半が弱小国ですが、そういう諸国から歓迎されています。冷戦後における日本の文明・文化戦略として、シルクロード外交と西太平洋に津々浦々外交は、大平首相から小渕首相にいたる二〇年来の連続性があります。それを発展させることは、現行憲法と国連主義を前提にしつつ、日本の対米追随から徐々に脱却していく道になると思います。

複数の顔からなる日本へ

シルクロード外交と西太平洋津々浦々の連合づくりは、外交は外務省の専管事項ではないという論点を含んでいます。といいますのも、シルクロードに位置するアフガニスタンをふくむ小国では民間人の活躍が目立ちます。亡くなられた秋野豊さんもその一人でした。西太平洋の津々浦々の小国には、ほとんど大使館がありません。弱小国であるがゆえに軽視されている。公館を設置しても西太平洋あたりだと大使の代理です。おまけに代理の上に臨時がつく「臨時代理大使」というのです。ですから、だれも大使と言わずに「臨代」と呼んでいます。あるいは戦後最初に独立したサモアには臨代すらいません。ニュージーランドの大使館が管轄しています。

ことほどさように、シルクロードや西太平洋津々浦々でだれが交流に努めているかというと、日本のボランティアです。ボランティアを支援する最大の組織は、外務省の外郭団体である国際協力事業団（ＪＩＣＡ）ですが、ＪＩＣＡの資金援助を得つつも、民間人が入り込んでいます。Ｊ

ＩＣＡは青年海外協力隊やシニア海外ボランティアを送っていますが、彼らは国家とは別に、自分たちの技術や知識をその地域に二年間を基準に援助活動をしています。そのほか日本のＮＧＯがある。彼らは日本で行われたアフガンの復興支援会議でも出てきました。このときにＮＧＯの一部の団体を外務省幹部が出席を認めなかったので、問題になったのですが、その経緯はともかくとして、基本的にアフガニスタンの復興活動は、ＮＧＯの協力が不可欠である、つまり対外協力関係は、外務省だけの専管事項ではなくなっているのです。日本は対外的にはいくつもの顔があっていい。国家が外務省で代表されるかのごとき、一極集中システムを変えるべきです。対外的な顔は外務省だけが代表しているのではない。今日の日本は公式・非公式の重層的な外交と国際交流を展開していくことのできる力をもっています。日本の文化の多様性が外交に現れれば、文化の多様性や多文明の共存という主張も説得力をもつでしょう。

日本が対米追随の一枚岩的な顔ではないことを示すには国の形を変える必要があります。東京が日本を代表する一極中心を解消し、地域分権に変えていくということです。各地域が主権を分かち合う分権国家への道を視野にいれてはどうか。日本の歴史を見れば、奈良時代、平安時代、鎌倉時代、室町時代、江戸時代というように、首都機能が置かれている場所によって、時代区分がされています。例外は明治、大正、昭和、そして平成です。天皇の在位で時期区分するのは、日本史の時代区分からして一貫性がありません。わたしは明治維新以降を一括して東京時代と呼ぶのがふさわしいと思います。東京時代とは、東京に首都をおき、東京を窓口にして欧米へキャッチアップをめざした時代です。東京時代は三期に分けられます。前期は明治期にあたり欧米に対抗する力をつける「文明開化」の時代、中期は大正・昭和前期に当たり「東西文明の調和」をめざした時代、後期は戦後昭和期でアメリカ追随の時代です。平成期は東京時代から新しい時代への移転の過渡期です。首都機能が新しい土地に移ると、東京時代が終わったという実感がもたれるでしょう。

すでに欧米的文明への追随の時代は終わっています。新しい首都は、人口がせいぜい三〇万人規模の小都市になるとみこまれています。それは現在の首都に集中している権限・財源が地方へ分散されることを意味しており、日本は地域分権国家になるでしょう。地域分権が進めば、多様な顔をもった日本になるでしょう。地域自立の原則にたって、各地域で国民の多様な対外的な関わりが行われるようになると、草の根外交とか民間外交ももっと成果が期待できます。さしあたっては、シルクロードや西太平洋津々浦々で展開していくことで、旧来の東京を窓口にした対米追随の枠組とは一線を画したものになると思います。

II

ディスカッション

自民党政治を解体せよ

政策決定過程における問題点

武者小路　それでは後半でディスカッションに入りたいと思います。これから議論できるということについて、簡単に思いついたことを申し上げまして、それで後半でご発言をいただくキッカケにさせていただければと思います。

まず、お話をいただいたなかで、さらに掘り下げていただけるとありがたいと思いましたことがいくつかあります。榊原さんのお話のなかで、規制をしているところを外すということ。農協などがなかなか外さないところに問題があるというご指摘、そのとおりだと思うのです。しかし、今度は逆に、規制を全部取り払って、要するに国家による公共財は、あるところにやはり出す必要であると思うのですが、土建の方にばかり公共財を向ける必要とないと思います。規制そのものがいけないということではないと思います。むしろ市民からのコントロールが十分あり、透明性がある形での規制はあったほうがよい。政府がもう少し国民の福祉のために積極的な役割を果たす必要がある。問題は、その政府の役割の果たし方がいま非常にいけない。極端な、腐敗した社会主義の形をとっていますけれども、だからといって、政府が完全に公共財を提供することをやめたり、最小に縮めるという、ネオ・リベラリズムの主張を受け入れていいのかどうかということについて、教えていただけるとありがたいと思います。

それから姜さんのお話のなかで、いまの憲法と軍備のことについての議論をまたいただけるとありがたいと思います。けれども、いまの反テロ戦争というものが示しているように、国際的な安全保障というものは、たんなる伝統的な国家間の軍備による安全保障だけではなくなっている。国家安全保障も大事ですから、いまのＡＳＥＡＮ＋３を枠組とした集団安保体制とかということは、おっしゃるとおりですけれども、具体的にテロの問題が出てきたりしますと、軍事と警察の力が非常に渾然一体となっていく。そのときにいまつくられつつある日本の安全保障体制というものは、まったくアメリカの軍事的な枠組の中に組みこまれている。それだけではなくて、警察も、また情報も米国の網の中にはいってしまっています。エシュロン計画とか、アメリカの警察的・国家意志的な網の中に日本も入っていくということがはたして望ましいことかどうか問題です。そこで、軍事的な安全保障の問題と同時に、非軍事的な警察のレヴェルとか、情報管理の面とか、そういうことを安全保障ということとつなげてご議論いただく必要があるのではないかということがあります。

このこととも関連しますけれども、軍事の問題でどなたもおふれにならなかったことで、たとえば地雷の問題とか、あるいは核拡散の問題とか、軍事産業、軍事技術の問題があります。日本は平和国家で、そういうのは一切やらないといっても、じつは先端技術の大部分は平和的にも軍事的にも使える両用技術であるわけで、その問題をどうするのかということがご議論いただいてない問題としてあるのではないかと思います。

それから川勝さんのお話のなかで、はじめて国家以外のNGOの問題を出してくださいました。日本の市民がどういう活動をするのかという問題が出てきております。それと関係のあることだと思いますけれども、どんどん日本に日本国籍を持っていない外国の「市民」がたくさん入ってきている。その市民は、場合によっては東京都知事によって危険視されたりすることもあります。そういう文脈のなかで、国際化ということを考えるときに、たとえば森さん（森喜朗・前首相）みたいに、ＩＴの専門家のような日本にとって得になる外国人をどんどん入れたいという。だけど入れていきたいインドのＩＴの人たちはみんなアメリカに行ってしまうし、むしろ入れたくない人びとの方が日本にたくさん入ってきている。国際化というのは政府の考えている都合のいい方向にいくとは限らない。森さんの例でいいますと、「神の国」発言をして、日本人の均質性というものを教育によって再強化した上でなければ外国人を入れないという、そういう形のグローバル化への対応の動きがある。これは、よくない日本中心主義であるばかりでなく、全く国際化の流れに反しています。それをどう乗り越えるかという問題も、日本がシルクロードと西太平洋で仲よくしようとするとでてくる。日本の外の外国人と、日本の中の外国人の問題がつながってくるのではないかということが、もう一つあるのではないかと思います。

それから最後に、やはり政策を民主主義のルールに従ってちゃんと論争をしたうえで策定することができていない。政策決定に参加する官僚とか政治家とかが密室のなかで談合して、国民にたいして説明責任をもつような透明な政策論争がなかなかうまくできない。そしてむしろＮＧＯが一生懸命、「環境、環境！」というので、政府の中でも環境を一応大事にはするかもしれないけれども、抵抗を排してでも環境問題について正論を吐き、最後まで主張することをしない。たとえば、アメリカとの外交関係を大事にしたいために、なかなかこの「同盟国」にきびしく「京都議定書」の批准をせまることができない。そういう問題が出てきます。そこに、日本の国家の名において政策を決定する人たちが責任をもって明確な意思表示をしないという問題があります。

それからもう一つ、今日のお話のなかで少しは出てきたと思いますけれども、要するに先進工業諸国のなかでは、アメリカと日本のほかに、西ヨーロッパがある。EUとしての問題は、ユーロのことでは出てきましたけれども、もっと一般的に西欧と日本との協力の可能性を考える必要があります。とくに、アメリカとのバランスをとるときに、日本とEUの関係、あるいはASEAN+3とEUとの関係を強化するべきではないでしょうか。ASEN+3とEUが構成しているASSEMとかを活用するなどして、ヨーロッパとの関係を深めることで、日本とアメリカとのあまりにも近い関係のバランスをとるという考え方もありうるのではないかと思います。それから歴史的にその地域で日本が悪いことをしていないということで、日本のイメージがいい地域のなかには、イスラーム圏という日本人が理解しようとしない地域とか、アフリカという西欧にも手に負えない大陸もある。それを日本としては無視するのか、ということがあります。森さんは一生懸命、アフリカを回ったりして、そこで「人間安全保障」というのを売りつけようとしていたけれども、メディアの扱いを見る限り、日本では、その後、この大陸についての関心がなくなったようにみえます。アフリカとの関係は手に負えないから、ヨーロッパに任せるのか、という議論をするべきです。それからもう一つ、話題にのぼりにくいラテンアメリカとの付き合いの問題があります。この地域にはかなり日系の人たちもいる。そのなかで、フジモリさんみたいに、あまりかんばしくないと、少なくとも市民運動の中では言われている人もいます。いまアルゼンチンは大変ですけれども、アルゼンチンにも日系の人たちがたくさんいる。そういう世界の開発途上諸地域との問題のなかに、日本のアメリカとのつきあいは一体どうするのかという問題の立て方も、ちょっとでもおふれいただければ、視野をひろげる手がかりになると思います。そのように、日本がこれまで無視してきた世界のいろんなところとの付き合いの問題について検討することが、今日とても必要ではないかという気がいたします。以上のような問題について、全部必ず議論してください、ということはいいませんが、少なくともお話の延長線上にそういうことをお加えいただけるといいのではないかと思います。

「部会」政治から、意思決定過程の透明化へ

榊原 それではまず、規制の話ですけれども、私の問題意識はこうなんです。もちろん公共財というのはあるんですけれども、いまの日本というのは非常に腐敗した大衆社会民主主義国家になっているんです。これは制度的腐敗です。制度的腐敗の根本は何かというと、ほとんどの政策決定が自民党の部会でなされているからです。つまり日本の政策決定とは自民党の調査会とか部会でなされて、それから閣議に上がってくるんです。ところが政党というのはプライベート・パーティですから、法律の制約がないんです。ですから汚職にも問われない、情報公開法にも問われない、あるいは選挙法の対象にもならないということで、じつはきわめて非民主的なプロセスが日本の政策決定プロセスに存在しているということです。

その自民党の部会と各官庁が闇で取り引きをして、そこに既得権益団体が入っているという、アイアン・トライアングルができています。しかもこれはきわめて大衆的なアイアン・トライアングルで、非常に関連している人の数が多いんです。農業関係だと土地改良組合というのは四百万いますから、四百万の人の利害が関係している。それから医師会も開業医は全部入っています。

ですからそういう意味で、きわめて大衆民主主義的であるけれども、きわめて腐敗しており、しかも法の枠外で、そういう利害が守られているということです。医療というのは公共財ですから、ある程度の規制があることは当然だし、教育についても同じことが言えるのですけれども、医療についても、たとえばここまで先進的になったのだから、もうちょっと自由診療があってもいいわけです、保険でカバーする。ところが日本は混合診療は基本的に認めない。なぜ認めないかというと、医師会がＮＯだからです。医師会関連議員がＮＯだから。そういうことをぼくは言っているので、そういうところでやはり規制の緩和をしなければいけないだろう。

それから年金の問題にしても、ここまで全部国がやる形の年金がいいのかどうかというのは、もう一度問わなければいけない。私は規制緩和論者ではないんです。けれども、ここまで腐敗した大衆民主主義型システムみたいなものは変える必要があるのではないかということで、当然のことながら、医療というのはある程度は規制がなければいけない。なければいけないんですけれども、たとえば医薬品の世界をとっても、全部薬価を恣意的に厚生省が決めるものですから、日本はきわめて薬品産業が保護産業になっていて、三百ぐらい会社がありますが、みんな非常に中小零細で、大きいところでも中小です。そうすると、欧米はだいたい四つか五つ大きいのがありますから、とても欧米との競争にかなわない。しかも技術もあるということですけれども、こういういわば癒着した構造のなかで官主導になっているシステムを、やはりある程度緩和する必要があるのではないかということと、それから一番重要なのは情報の開示です。情報が開示されてない。ご承知のように、医療でもカルテが患者の要求で見られない。担当医師がＯＫと言わないとカルテを見られないという仕組になっている。

ですからこれは市民社会みたいなものとも結びつくと思うんですけれども、そういう既得権益をもつ人たちのアイアン・トライアングルによって、情報の開示がなされないまま、非常に規制、癒着、あるいはそこである種の汚職、制度的汚職が起こっている。つまり、自民党の部会の先生方というのは、関係団体から献金をもらっているわけです。それでその人たちのために権力を行使する。これは役人がやればすぐ検察に捕まる話です。あるいは大臣がやれば検察に捕まる話です。ところが部会の人がやっても捕まらない（笑）。これは基本的に民主主義のルールに反するんです。民主主義というのは権力を法律でしばることが民主主義でしょう。ところが法律でしばられてない自民党が権力をもっている。ぼくは役人をやっていたから、それじゃあ役所に権力を渡せばいいのかと、すぐ言われるんですけれども、そうではなくて、政治家が役所に入ればいいわけでしょう。イギリスのシステムというのは、だいたい閣内に政治家が一三〇人ぐらい入っていますす。それで権力をふるえば、これは検察が捕まえられる（笑）。ところがいま検察が捕まえられない形でみんな勝手にやっているわけです。だから医師会関連議員というのがいて、丹羽（雄哉）さんもそうですし、武見（敬三）さんも――例の武見太郎の息子ですね――委員長をやっている。これはちゃんと選挙のときは医師会からお金をもらっています。そういうシステムのなかで、しかも彼らのために働くというシステムが、いまの日本の基本的な政治システムです。そのなかで規制が維持されている。こういう規制はぼくは絶対壊すべきだと思う。

そういうことを申し上げているので、公共財を全部マーケットに任せればいいなんていうことは、毛頭言うつもりはありませんし、きちっとした透明な規制がなければいけない。それに対しての情報の開示の要求には全部応えられる必要があるんですけれども、全部部会で決定がなされたとすると、その決定は情報開示できないんです。いま、ご承知かどうか知りませんけれども、自民党の部会というのは公開されていませんから、新聞記者がドアのところまで行って、ドアの下からこうやって耳をつけて聞いたりするわけです。そうすると時々聞こえるようにわざと大きな声で（笑）言ったりするわけです。

これはまったく非民主的なプロセスで、ぼくはよく言うんですけれども、こういう形で党が政策に関与して、閣外の党のメンバーがこういう形で権力をもってる国というのは共産主義国家しかないと。中国とかヴェトナムには確かにあります。けれども先進民主主義国家ではないことです。政治家が権力をもつには必ず閣内に入る。それから連立のときは、連立の党首は必ず重要ポストにつきます。ドイツのフィッシャーさんは外務大臣です。ですから当然のことながら、神崎（武法）さんはどこかの閣僚にならなければいけないんです。ところが党首は外にいて、別に党首の協議というのがあるでしょう。連立を組んでいて、党首は閣外だけれども、外で協議がある国なんてないです（笑）。みんな外務大臣か重要な大臣になって、なかで協議をしている。

このシステムを変える必要があって、おそらくいまの日本の構造改革が必要だと言われているのですが、いい意味での構造改革ができない最大の問題はそこにあります。だから松岡利勝さんが動き回って――彼は熊本ですから利権はイグサです（笑）――、イグサを表に出さないで、ネギを表に出して、結局、対中セーフガードを発動させてしまったわけです。これはしかも、さきほど姜さんがおっしゃったように、大阪の商社が向こうでやってることです。それを熊本県の利権でひっくり返したという構図です。

だからそういうことを壊さないと、アジアとのいろんな形での貿易とか、直接投資の協調が実はそのせいでできないということになります。そのプロセスで、とくに今度の医療改革でも国民負担を三割にするというのが重要なのではなくて、医療改革で一番重要なのは情報の開示だったんですが、そこはなされてないんです。カルテの公開とか、レセプトの公開とか、そういう話がたくさんあったんですけれども、そこは消えてしまって、最後は国民負担のところだけが残った。それは大事ではないというのではなくて、保険制度は破綻していますから、なんとかしなければいけないんですけれども、もっとも重要なところが欠落してしまった。それは要するに、ああいう混成部会みたいなところで最終決定がなされているからで、このシステムを変えなければいけない。そういうことによって、たとえば医療とか、年金とか、教育とか、まさに公共財、プロパーのところを変えるのが非常に重要になってきているという気がしています。

情報と技術の独立が必要

榊原 あと一つ、二つ言わせていただきますと、姜さんとそう変わらないんですけれども、軍事問題についてはある程度わかるんですけれども、軍事について日本の腰が引けてることと、情報と技術について腰が引けているというのは、じつはパラレルなんです。情報と技術ということに対して、日本は決定的な弱点を背負ってしまったんです。ですから軍事についてある程度の制約をつけるというのは、ぼくは反対ではないんです。反対ではないんですけれども、情報のインディペンデンスということがなければ外交はできないんです。日本の情報は全然インディペンデントではない。ほとんどの重要な機密情報はＣＩＡ情報ですから。これでは外交はできない。

ですからそういう意味で情報も技術も、ＩＴをふくめて相当の部分は軍事技術から出てきているので、そこのところはどうするんだという話も、やはりきちっとしておかないと、平和国家は平和国家でいいんですけれども、平和がインポテンツに結びついてはいけないですね。日本は明らかに平和国家であることによって、国がインポテンツになってしまっている。日本の場合には、情報と技術の問題に国が関わらないという形になってしまって、ＮＧＯも大事ですけれども、国が情報と技術に関わるというのは非常に重要なことで、そこのところをなんとかしたいということです。

もう一つ、ＮＧＯの話で武者小路さんからの示唆がありましたけれども、日本は、内外に対してある種の人的鎖国政策をやっているんです。ですから国籍法とか入管法というのを変えなければいけないというのがぼくの意見で、入管法でも、それはＩＴ技術者はなんとしても入ってくれないと、と言いますけれども、たとえば日本で必要な介護とか、それからアジアへ行って非常に思うのは、日本はナニーは雇えないでしょう。お手伝いさんも雇わないですね。ところがそれは向こうから喜んでくるわけです。で、お手伝いさんや介護を入れないで、その代わりダンサーで女性を入れる。ダンサーはいいんです、入管法上。それで売春をやらせているわけでしょう。だからそこは内容を変えて、本当に必要なものを入れるということをやって、日本を国際的に人的に開いた国にするということが極めて重要で、アジア人を空港で虐待しているうちは(笑)、アジア外交なんていってもどうしようもないと思います。入管は法務省でしょうけれども、法務省の法律は一番変わらないんです。法務省は審議会が五年ぐらいかかりますから。入管法とか国籍法とか、そういう法律を抜本的に変えて、移民を受け入れるということに変えないと、鎖国体制から脱却できないという気が私はします。

自民党部会というポリトビューローを解体せよ

姜 いまおっしゃったことで、ちょっとよろしいでしょうか。やはり基本はグランドデザインを考える前に内なる透明性を共有しあうということですね。だからさっきお医者さんのこともおっしゃいましたけれども、たとえばぼくが手術を受けたときは、何かあった場合には責任を負いませんという一筆を必ず書かされる(笑)。あれは外国ではどうなんでしょう。

榊原 あれはありえないんじゃないですか。

姜 結局、それを書いてしまって、何か問題が起きた場合には患者が負いなさいとなるわけです。こんな非対称的な関係がありながら、それでいて医者がどんな医者なのかというのも情報開示がないんです。だからぼくは場合によっては、その医者の個人住所、アドレスまできちんと患者に教えるぐらいでなければならないと思うのです。

いまおっしゃったように、自民党は旧ソ連邦にあったようなある種のポリトビューロー（政治局）なわけです。始末が悪いのは、ポリトビューローが上から大衆を押さえ込むだけでなく、地域的な利害とリンクされているのですから（笑）。

榊原 ある意味ではきわめてデモクラティヴですね。

姜 だから自民党政調会では、議題は全員一致でなければきまらないのでしょう。全員一致でないと、政策決定をやらないわけです。

党という決定的に重要な政治組織がまったく憲法上あいまいなブラックボックスになっていて、実体的な権力がそこにあるということですから、まずグランドデザインも何も、そういうようなディシジョン・メイキングしかなされていない現状を変えないと、何もできないということですね、言ってしまえば。

榊原 だから田中真紀子さんの功績の一つは、それを国民に見せたことです（笑）。あとはひどいことだけれど。

姜 それをやっていくために大統領制にならなくても議会制民主主義で政治家がビューロクラシーをきちんと統御できるはずです。それをやらないかぎりはお先まっ暗ではないでしょうか。

榊原 役人をやっておられた方しかわかりませんけれども、ぼくは国際金融でしたからあんまり関係なかったんですが、それでも重要なときは部会に呼ばれるわけです。で、部会には必ず二、三人、ヤクザみたいな人がいるんです。ぼくのときは木村さんという埼玉のラブホテルのおやじで（笑）、「それがなんだ！」とかいって、怒鳴りまくるわけです。それで普通の人はビビッちゃう。めちゃくちゃなんです。それは公開されてないから皆さん知りませんけれども。「おまえ、だいたい歯を見せるな」とか（笑）、「笑うとはけしからん」とか、ヤクザのからみなんです。外務省の部会なんかでもそうですよ。一人背の高い人がいると「おまえ、背の高いのが気に入らん」とか（笑）。「頭が高い」とか言われてね。そういうことをみんなやられているわけです。だから役人は完全にビビッちゃうんです。

だから鈴木（宗男）さんみたいなのが力をふるうんです。それで反抗した人を徹底的にやりますからね。反抗した人を覚えてて、徹底的に彼は人事権を裏から発動するわけです。そこのところを直さないと、いろんなことがはじまらないですよ。最近はじめていろんなことを書きだしているんですけれども、なかなか今まで言えなかったんです。役人がそれを言ったら、また、これはという話になって、やられますから。だけどひどいものですよ、あれを公開したら。だからぼくは、まず部会でともかくやっているのはいいけれども、全部公開しろ、新聞記者を入れろと。そうしたらもうできなくなる。

それからイギリスは、閣外の政治家と役人の接触は原則禁止です。それをやるべきなんです。そうしないと、あの不透明なポリトビューローの中でいろんなことが決まるのは、もうどうしようもないです。

姜 でもそれは民主主義的な体裁をとってる国でやられているから、それだけ生命力があるんでしょう。

日本を分割せよ

韓国を「仲介」に東アジア関係を

武者小路　その場合、制度を改めなければいけないというご指摘は完全に賛成なんですが、民主主義との関係でいうと、国民つまり選挙民が、そういういろいろ問題のある人たちを頼りにして選んでいるという現実がある。とくに、利権がらみにせよ、自分の地域の「利害」を代表する人を選ぶから、自民党が強いわけです。そういう現実をどうしたらいいのか。外交の話は内政からはじめないといけないと思います。

姜　それはさっき川勝さんがおっしゃったような、主権の多元性みたいなものですか。そのなかでちょっと議論をしてみてもいいでしょうか。

川勝さんは一応、文明史的あるいは地勢学的な日本の文明戦略の焦点を、少しぼくとは違うところに置かれようとされたということです。私は、韓国の留学生とか、いろいろつきあっていると、日本に対して韓国にいたときとはかなり違った見方ができるようになったと聞くことがよくあります。確かに日本に対しては二律背反的な感情があるでしょうが、それでも外国で日本語を一番勉強しているのは韓国です。そうした世代が日本との実地の交流を通じて日本社会の襞を知り、ナショナルな一塊として括られる日本人ではなく、さまざまな対立や葛藤を抱えた日本社会について知識をえつつあると思います。それから若い世代が日本のポピュラー・カルチャーに関心をもち、その側面から日本社会を見ようという目も育ちつつあると思います。こうした点を考えますと、私は意外と日韓関係については長期的にみれば楽観しています。ただ問題は、北朝鮮（朝鮮民主主義人民共和国）との関係、つまり北朝鮮にどうアプローチしていくべきなのか、その点をめぐって日韓の間に溝ができる可能性はあるのではないでしょうか。

しかし少なくとも統一の前段階、あるいはその前々段階にある南北関係に対して日本がどのようにアプローチし、民族としての一体感をもった南北を介して東北アジア地域の安定をどのように構築していくのか、この最も重要な課題をしっかりと受け止めていってほしいと思います。そしてそのためにまず差し当たり、韓国を「仲介者」とする、中国を含めた東北アジア地域の信頼醸成に踏み出してほしいのです。

それで日本は歴史や過去の記憶の問題も含めて、韓国や北朝鮮との関係でもう少しトレラント(寛容)になってほしいと願っています。経済的にみれば、韓国は日本と比べるとGNPの規模は一〇分の一ですよ。北朝鮮は沖縄の規模しかない。そうでしょう。もちろん数十年後には、たぶん一人当たりのGNPはかなり近くなるでしょうけれども、キャパが違うんです。人口的にも違うし。だからもうちょっと日本の国というのは、マチュアになって(成熟して)、むしろ韓国なら韓国を、仲介者に立てながら、対中関係で日本がやれないことを日韓を通してうまくやっていくようなことも考えて欲しいのです。

それができないのは、いま言ったように、日米機軸のなかでかなりしばりつけられていて、非常にグランドデザインのないような政策をやってきたからでしょう。だから日韓関係というのはかなり重要で、やはり韓国をうまく立てながら、つまり一〇対一のキャパのある違いの国とのパートナーシップを通じて東北アジア地域の覇権ゲームがもたらす弊害をより緩和していく多極的な外交や安全保障のグランドデザインが必要なのではないかと思うのです。そしてそのマルチラテラルな関係構築の要に日韓関係、さらには日本と南北とのはしっかりとした関係構築がなければならないと思うのです。

日本の側がグランドデザインのなかで、韓国とのパートナーシップをきちっと位置づけ、対米関係においてもその二国間症候群の弊害を少なくするためにも日韓との連携を積極的に活用すべきです。そういう外交のフレキシビリティが今の日本に必要なのではないでしょうか。

ご承知のとおり米国とは、それぞれに日米安保と米韓相互援助条約があります。でも日韓の間ではありません。言うまでもなく、朝鮮半島が分断国家であり、韓国が朝鮮半島の唯一の合法政府ではなく、三十八度線以北をまがりなりにも実効支配している政府があるからですが、それにしても、日韓の間で軍事や防衛、情報や要因の透明性を高める日常的な積み重ねをもっと広くしていくべきです。なぜそうしたことが構想されず、またそのような動きが遅々として進まないのでしょうか。日本にこういったグランドデザインがないし、韓国の中でも「反日」を求心力とするような勢力があることも一因でしょう。

昨今の教科書問題でも、語弊があるかもしれませんが、あんなくだらないことのために、なんで両国間の関係がブレるのか、半ば呆れてしまいました。要するに夜郎自大的な「癒し」系の歴史観によるドダバタ劇の結果として、韓国側の制服組の訪日が中止になる事件がありました。それもおかしいし、だから日韓の間で軍事的な防衛関係の交流を深めて、軍事力についても透明度をお互いがシェアしあう、制服組も入れて考えるべきです。その場合に北朝鮮を仮想敵国にしない取り決めをした上で少なくとも日韓の間で軍事的なある種のトラレンスパレントな（透明な）関係をつくっておくということです。

それから基地があるのは、韓国と日本ですから、日米安保条約や米韓相互防衛条約では治外法権的なものを強いられて、それで米軍人が犯罪を犯しても捜査権すらまっとうになくて、そういう形で日本や韓国の主権がおよばないということは、ドイツと比べてももっと劣った状態におかれているわけです。そういう問題についても、さっき榊原さんがおっしゃったように、アメリカはグループをつくることを絶対に許さないと思いますが、東北アジアの防衛関係についていろいろなネゴシーエーションができるように、やはりぼくは日韓のパートナーシップはかなり重要だと思います。

榊原 アメリカは許さないと言いますけれども、中国まで巻きこんで日本がやれば、アメリカは反対できないですよ。チャイナ・カードはアメリカには非常に効きますから。

姜 そうでしょうね。そのときに驚くべきは、韓国の対中貿易と対日貿易では、対中貿易の方が額が多くなったんです。いままでは対日貿易がはるかに大きかったんですけれども。ということは、中韓関係はかなりうまくいっている。だからそれをうまく使いながら、つまりいままでのように、朝鮮半島は列強の草刈り場になるから、日本の安全保障のためにバッファーとして使うというような戦略ではなくて、むしろ朝鮮半島の韓国を外交のフレキシビリティの中にかかえこんで、対中関係や対米関係をもう少しうまく御していくというか、そういうマチュアな日韓関係ができれば、ぼくは日本のフリーハンドはもっと広がっていくと思います。

国家主権の分割による地域連合国家構想

川勝　私もそのことはよく存じています。韓国の友人も多いし、オックスフォード留学時代に知り合った韓国人とはほとんど兄弟のようになり、家族ぐるみでつきあってる人もおり、韓国との縁は深いのです。そして世界で日本語をもっとも勉強する人口が多いのが韓国だということもよく知っています。ちなみに第二位はオーストラリアです。ともあれ、ポピュラー・カルチャーが台湾、中国、韓国、アジア一般で広がっているのは存じていますが、そのことと三国の国家間関係ができやすいということとは別だと思っています。たとえば教科書問題一つを取り上げても、文科省や外務省と、向こうのカウンターパートが言い争う。国家間の批判の応酬が民衆間関係の友好感情を損なう面がありますね。国家が日・韓・中のパートナーシップをつくるのに阻害要件になっている面も見失うべきではないと思います。そのことは日本の国家の形について反省することでもあります。教育は公共財です。教科書検定がふさわしいかどうか。これは規制の緩和の問題です。

榊原 検定をやめなければいけないんです。非常にはっきりしてる。

姜 検定をやめたらいいです。

川勝 一方、韓国あるいは中国の教科書における日本の記述はどうなっているかというと、これはけんかの材料をわざわざ探すようなものです。ただ、相手の国の教科書の記述を批判する前に、日本の教科書について日本国民の知的レヴェルに信頼をおくならば、何を教えていいか、何を教えたらいけないかについて、文科省の課長が検討しなければならないことではないだろうと思う。国民の知的レヴェルは低くない。検定は国民をばかにしている制度だと思います。文科省も外務省も公共の利益を上げる役割をどこまでもつべきかについて再考する余地があると思います。

現在は国家主権を東京に集中していますが、地方にどのように権限を委譲していくかを考えねばなりません。分権にした場合、日本の地域単位をどうするかが論点になるでしょう。いまのところ、地方分権一括法をもとに、首都機能移転を契機にして、国政全般の改革をし、権限を地方に委譲することになっていますが、それより先に踏み込んだ話はありません。

たとえば文科省は中央政府に必要なのか、そっくりその権限を地域に委ねてよいのではないか。ともあれ、新首都では安全保障、条約の締結、科学技術の大プロジェクトとか、どうしても国家がしなければならない仕事にとどめるべきです。そのことで参考になるのは欧州連合（EU）です。EU加盟国が共通の外交・安全保障政策、司法・内務協力でどれぐらいEUに主権を委譲しているのか。その委譲の仕方はどうなっているかが参考になるでしょう。ヨーロッパが主権国家が集まって連合体をつくったのに対して、日本は逆に分権して地域連合国家にする。主権を各地域に委ねていくという発想になると思います。

これまでの政党をベースにした民主主義から、各地域が対等につきあえる「地域連合国家」としての民主国家をつくっていく話になっていくと思います。いまのところの地域は地域利害に結びついた政治家しかいない。

日本の戦前以来の政党政治がもっとも意味をもったのは、イデオロギーの対立があった冷戦時代です。しかしもうそういう時代ではなくなって、自立した個人が、地球環境、人権のような公共性をどう担っていくかが課題になっている現代社会においては、政党をベースにした民主主義ではなくて、日本の場合は、どれぐらいの主権をもつ地域がどれくらいの地理的範囲でまとまった連合国家になるかが課題になっていいと思います。

先走った言い方ですけれども、国を分けて弱くなるようなことでは、意味がありません。分権して強くなると言いますか、権力の腐敗を除去しつつ、国家としての体をなす分権でなくてはなりません。分権された地域単位が、先進七か国に入れるほどの経済規模をもつことがふさわしい。EUを参考にするならば、地域単位としてはフランス、ドイツ、イギリスなど主要国が基準になります。G7の最小の経済規模はカナダです。地域単位に分けてもカナダ規模が最低限必要です。カナダ規模というのはだいたい東京都の経済規模、あるいは近畿地方の経済規模です。ヨーロッパの大国の一つ、フランスになりますと、関東平野ないし首都圏の経済規模に匹敵します。

そういう国際比較の基準をすえるだけでなく、国内地域の比較基準もいります。国内では東京を基準にせざるをえません。東京を相対的に他地域と対等にしていくことが分権の課題です。経済規模では東京都と近畿圏がほぼ並びます。首都圏を一単位とすれば、一八〇兆円の規模があります。これはフランスに匹敵します。ないしイギリスより若干大きい。中国・四国・九州を合わせると、だいたい九〇兆円ぐらいです。これに近畿を合わせると首都圏とならびます。北海道・

東北でカナダにほぼ匹敵する経済規模になります。関東平野と西日本のあいだに位置する中央日本（北陸・東海・中部）は、ほぼカナダ規模です。大まかには、フランスが二つ（首都圏と西日本）とカナダが二つ（中央日本と北海道・東北）の地域の連合になり得ます。そのような先進諸国に並ぶ巨大な経済規模をもつ地域が合わさって現在の日本になっているのです。それを十数名の閣僚でコントロールしているのですが、中国の統治が少数者の支配になっているのが非合理に思えるように、私は日本の国力と人口の大きさに照らして、政府は手に負えない巨大な国を相手にしていると見てもいいと思います。

風土や自然を加味して、右の四地域を表現すると、西日本は瀬戸内海の周縁地域なので「海の日本」。中央日本は山がちの地域だから「山の日本」。首都圏は平野ですから「平野の日本」。白河以北の東北・北海道は「森の日本」です。森の日本、平野の日本、山の日本、そして海の日本の四地域がそれぞれ課税権をもち、インフラストラクチャー整備を担っている国土交通省の仕事もする。また医療、警察、消防、福祉もできます。各地域はフランスやカナダの経済規模をもっているので国家主権を行使できるほどの力をもっています。地域外交も可能です。対外関係としての地域間関係は、それぞれ昔から縁の深い海外地域との関係は簡単にできます。「平野の日本」はアメリカとの関係を深くさせたいと願うならそうすればよし、「海の日本」は韓国、中国などアジアとの関係を密にしやすいであろうし、「森の日本」はカラフトから沿海州をふくむロシアとの関係を結びやすいなど、多様な対外関係をもつ複合国家システムになる。今のように日本を一律の規制で統制するのはむしろ弊害です。地域レヴェルで国際関係を考える時代になっているのではないか。

知事の権限に期待する

榊原 川勝さん、ぼくは反対ではないんだけれど、そのいまの川勝構想は、国の形を変えることですね。これはまず憲法改正をしなければいけないんです。だから憲法を中心とする基本法を全部改正するということを言わなければだめです。で、それは日本の軍備のあり方、外交のあり方に対する大改革ですから、ぼくはそれは反対ではないし、そういうことになれば面白いと思うんです。

だけどそのときにもう一つあるのは、どこかで戦略的な集中はやっておかなければいけません。機能的な分散はやらなければいけない。だけど何を集中するのかというのを決めて、それで大国家改造計画をつくらなければだめです。これは憲法改正が大前提です。ですからその憲法改正を、別に九条とかなんとか、そういう矮小な話ではなくて、憲法改正をするんだということを大前提にして、どういう国の形をつくるかということを本気で議論しないと、文明論のコンテクストでやっていると、夢物語になってしまうから、それはやはり国家の戦略なんです。だから国家の戦略としてそれを選ぶということを言わないといけない。その先は地域がそれぞれ分権して、それぞれの外交を展開するというのはいいけれど、まず国のあり方としてそれを決めるということをやっておかないと、本当の意味での政策としての実現性はないと思います。

武者小路 ちょっと一言だけいわせてください。いまのお話はとてもいいお話です。じつは去年の冬、衆議院の憲法問題調査会に呼ばれまして、将来日本はどうあるべきかというから、私は日本連邦共和国をつくらなければ、日本均質社会主義はどうにも改められない、ということを言いました。ですから憲法調査会の記録の中に、少なくともそういう連邦制と共和制の主張が入っています。

姜 いまのお話に関して、やはり国家のコンスティテューションあるいはストラクチャーを変えるということになれば、さっきのようなポリトビューローが生きているかぎり、その人たちが変革の主体にはなりえないわけです。で、日本はかなり追いつめられている。

姜 それはロシアを見てもそうなんですけれど、やはり変革期には、かなり大げさに言えば変革的な権力が必要なわけです。もちろん、いまは血を見るようなことはないでしょうが。ただ問題は、そういう変革的な権力というのはかなり腕力を持たなければいけない。そうするとその担い手である主体がポリティカルに、自らが変革力であり、同時にそういう変革をなしとげたときには、また民主的に自らの権力を、つまり過渡的権力としての役割を終えたら、自らがまた通常の状態に戻っていくような意識をもった主体が立てられるかどうか。たとえばロシアの場合を見ていると、やはりエリツィン独裁でした。あれをしなければ、ポリトビューローは叩けなかったでしょう。あれがあってはじめてプーチンが出てきて、少しモデレートになってきたわけですね。だからいまの状態で、ポリトビューローがそういう国家のコンスティテューションを変えていく主体になった場合に、私はろくな結果にならないと思います。

榊原 そうですね。

川勝 日本は憲法によって主権在民です。一方、憲法九十二条から九十五条にありますように、地方自治も認めています。地方自治体の首長が直接選挙で選ばれて、行政を執行できる。財産も管理できる。課税権も認められている。日本の知事は、言ってみれば、大統領です。これは太田(昌秀)さんが沖縄県知事のときに橋本首相の要請があったにもかかわらず、印鑑を押さなかったでしょう。それからまた東京都知事の石原(慎太郎)さんが何度も中央政府と対決できる力を誇示されているように、国会議員ではなくて、都道府県の知事が変革の主体になれるのです。たとえば北東北三県（青森・岩手・秋田）の知事が陸奥の国をつくることにした場合、あるいは九州の知事達が九州府をつくることに決めた場合に、中央政府は自衛隊を派遣して弾圧に向かわないでしょう。

姜 それは非常にむずかしいと思います。

榊原 いまの話とちょっと関連があるので言わせてもらうと、ぼくはいま五人の先進的な知事との勉強会というのを組織しているんです（笑）。それで知事が知事ではできないから知事連合をつくって、それがある種の政党をつくって、それがいまみたいなヴィジョンを出して選挙をするというプロセスがあるんです。それをうまくやれば日本では選挙に勝てる可能性があるんです。

たとえば、具体的な例をあげると、三重県の北川さんなどは非常にいいことをやっているんです。ああいうタイプの人がいろんなところへ出てきて、けっこうやってるわけです。それの連合体をつくって、そうすると知事というのは選挙に強いですから、知事が誘導するような、それは既成の政党とかその一部でもいいんですけれども、そういうものをつくって、いまおっしゃったような国家ヴィジョン、グランド・ヴィジョンをきちっと書いて、そして選挙に出ますということをやったら、ぼくはかなりの力になりうると思うんです。たとえばそういうことです。これは具体的な例ですけれども、たとえばそういうことは可能だと思う。

川勝　県には県庁役人がいます。一方、中央官庁にも有能な役人がおおぜいいます。地方の官僚は日本変革のために動きにくい、中央官僚は国家運営のノウハウをいちばんもっています。明治期にできて以来、国家運営のノウハウが蓄積されています。中央官僚が先の四地域に分散していくのがよい。いま市町村合併が起こっています。市民の生活については身近な市町村が行政事務を行うのがよく、それを効率的に行うには、県の役人が力を貸して市町村がもう少し大きく合併した方がいいのです。県は国家と市町村との間にあって、榊原さんがおっしゃったように、知事が主体的に連合をつくる権限も力もあると思います。

小選挙区制で国会議員ではなくて、国からの出先の官僚が東北なら東北で広域連携を、近畿なら近畿で広域戦略会議をつくるなどしています。地方への国の出先機関は県の壁をこえるのは容易で、広域行政について相寄って相談できます。私はこういう中央官僚の方が、各県に染みついた排他的な意識をもっている県庁の役人よりも県域を越える地域統合には向いていると思います。中央官僚を地域に分散化していくには、二年ほどで交替している人事を一〇年間は変えない方がよい。そうすると日本の国が本当に地域連合に変わります。もちろん手続き上、憲法改正とか、知事の団結が必要ですけれども……。

榊原　彼らはいい意味での革新官僚になりうるんです。で、地方に出てるときは、だいたい三十代から四十代ですから、あんまりポリトビューローに汚染されてないんです。

姜 たしかにそういう面はありますね。

地方政治をいかに変えるか

武者小路 二つの面から申し上げたいことがあります。一面では、世界的に見て、これはバブルの時代でしたけれども、日本のいろんな地方自治体、県だけではなくて市までが、ODAを出すという主張がありました。神奈川県と、県下の自治体でそういう自治体外交の動きがありました。それから、大阪の方では、さきほどの川勝さんの議論といっしょで、自分たちの大阪をふくめて、近畿地方は、そのGDPでいえば、それだけで一つの国になっているから、当然それに相応したODAを出すべきであるという、そういう堂々とした議論があったりした。ですから県を範囲にしたり、市を単位とする外交ということをやろうという考え方は、すでに八〇年代からあった。その後、景気が悪くなってからはそういう発想ができなくなりましたけれども、そういうことが育つ可能性はあるということが一つあります。そういうことで、国内だけに自治体の役割を限るべきではなくて、外交についても地方自治体は大切な役割を果たすことができる。

ただ、自治体のいいところとあわせて、悪い面もあることを一つ申し上げます。日本における人権政策ということは、一番の障害になっているのは法務省です。法務省は人権を守るルールができてしまうとこまるということで、一生懸命邪魔している。ところが人権政策を実際に推進しているのは、むしろ一部の自治体です。たとえば外国人、非合法入国の外国人もふくめて、いろいろ対応していこうと、川崎などいくつかの自治体で努力しています。したがって、人権政策というのは、本来担当すべき法務省という中央官庁よりも、地方自治体が一生懸命やるという現実があります。

今言いましたように、神奈川県で一生懸命人権行政をやっておられるので、これはいいけれども、民主主義の原則からすると、必ずしも理想的な状態ではありません。そもそも人権というのは、まず司法の問題であって、裁判における司法判断の基準として人権法が採用される必要があります。ところが司法権の方ではあまり国際人権法を判決に活用していない。それで、三権のなかでの次は立法権で、立法政策として人権を使うべきなんだけれども、国会での人権の議論は、近年少しずつでてきてはいるけれども、まだまだ不十分だと思います。そして、もしも地方自治体で人権を大切にするのだったら、行政で取り上げる以前に、まずちゃんと地方議会で議員が人権政策についての立法措置をとり、選挙で選ばれた人たちが人権政策を推進してくれないといけない。これが地方政治における民主主義の大原則だけれども、実際にはそうはできない。行政の側では、地方議会に相談すると、人権が嫌いな先生方がいて、提案しても人権政策は全部だめにされてしまうというので、むしろうまく議会にかけないで人権政策をやるという形をとって、人権行政を推進しています。たしかに人権政策はとても大事で、これを一生懸命やっている地方自治体の役人はとてもいいのですけれども、民主主義の原則からすると、行政で人権を推進するというのはだいたいおかしな話です。要するに国民が選んだ人たちが人権を守るという意識をもたないから行政がはりきっている。そうではなくて、地方議会にちゃんとした人権意識をもった候補者を議員として選出する地方政治の仕組にしなければいけない。だけどそれがなかなかできない。地方議会はやはり利権でもって動く人たちが選出されて地方政治を牛耳っている。

そこの司法と立法、立法と行政とのギャップをなんとか埋めないと、いくら優秀な中央の官僚が地方自治体に行って、いろんなことをやっても、結局、選挙制度とどうつながるかがはっきりしない。選挙制度をどう変えるかという問題もあるでしょうけれども、まず市民の意識が変わらないと、地方政治を民主化することができないのではないでしょうか。いまの市民の意識は、近代セクターでは政治の争点についてのしっかりした候補者に投票することになってはいても、それは大きな集団住宅があるところにかぎられている。いわゆるローカル・パーティなど、政見で選挙にでている人たちは、そういう団地では票が入りますけれども、おみこし担いでわっしょいわっしょいやってる、伝統的な村にしても、それから町のなかの伝統的なコミュニティにしても、そこではボスが支配していて、政見でなく、ボスが信用している人物に票が集まります。そういうコミュニティの部分が、じつは今日の日本の大部分です。そういう共同社会がのこっていることは、とても日本にとっていいはずなのに、そこではローカル・パーティとか、政策論では票が集まらない。結局は顔役の言いなりになる。じつは、ローカル・パーティの人にそのことを質問をしましたら、いや、われわれはボスがいる地域社会の現実はちゃんと認識していて、一升瓶を下げて顔役のところにあいさつに行きますというはなしでした（笑）。そんなことでは、いつまでたっても民主主義は出てこないと思うのですが、そこのところはどうでしょうか。

榊原 たしかに地方政治というのは中央の政治に従属している部分が少なくない。つまり日本は地方議員が多すぎるんです。地方議員がこんなに多い国はないです。しかも高給ハンディがあるんです。通常、先進国の地方議員というのは奉仕活動に近いんですが（笑）。

ですから地方政治を、おそらく明治以来かもしれませんが、とくに戦後の自民党政治がゆがめたということがあると思います。結局、原敬から田中角栄のプロセスのなかで土建国家にしましたから。地方の議員というのはだいたい土建屋さんが多いわけです。そういうなかで地方政治が出てきた。ただ、知事というのも選ばれているわけですから、知事が強大な権力でそれを変えることはできると思うんです。それで相対的にいうと、議会に対する知事の関係というのは、国会に対する内閣の関係よりも強いです。

ですから知事が剛腕をふるって、変えて、それを全部公開して行う。三重県で北川さんが改革したので非常に面白いなと思ったのは、これはたまたま私のもとの部下が総務部長で行って、やったんですけれども、二四九件の補助金があって、これを切ろうという話だったんです。そうすると当然、県のなかで反対があるわけです。県のなかで切ろうといったのは総務部で、ほかの各部が反対するわけです。で、県のなかで調整しないまま、県議会へもっていってしまったんです。総務部長が補助金を切りたいという、担当部は要るという、という県内部の意見対立をそのまま情報公開した訳です。そうしたら二四九件のうち二四〇件切れた。議員は反対できない。つまりマスコミが全部見てるから。

ですから情報公開というのがいかに強大な武器になるかという、それは一つの例なんですけれども、しかも知事という権力をもちながら情報公開した。これはすごい事態です。だからいろんなやり方があって、残念なことに中央は総理大臣にその権限はないです、事実上。ところが地方にはあるんです、知事に。ですからぼくは、地方というのは本気になって知事が変えようと思って、いいブレーンを集めて、そして情報公開のプロセスを取りながら、ＮＧＯなどと連携していけば、かなり変わると思うんです。事実、ぼくは、地方がかなり変わってると思います。そうすると、おっしゃったようなボスが支配するような地方政治の姿が少しずつ変わってきている。だから逆に選挙をやると、そういうのに頼った自民党が負けてるんです、いろんなところで。変化は起こってきているような気がしますね。

地方の閉鎖性を打破せよ

地方の財政の変革を

姜　そのときに、たとえば今度、熊本へ行ったら、ある流通関連の企業が倒れて、一万三千人が解雇されたんです。もう一つ、大きな流通業があぶない。それから熊本で有数な地銀がメインバンクでちょっとあぶない。問題は、おそらくお二人がおっしゃるようなところしか、いまの日本の可能性はないと思いますが、ただそのときに、それぞれの地域産業が今後かなりでこぼこがあるのではないかと。たとえば熊本でいうと、あまり有力な地場産業がないんです。さっきイグサと言われたけれども。阿蘇の酪農業、それからいろいろな所からの工場誘致、そこに働くいろんな族議員の介入。そうすると実際にかなりオートノミーをもった場合に、いろんな資本を呼んだり、それこそ外資を呼ぶというのは、たとえば韓国から呼んでもいいと思うんですけれども。それを呼ぶだけのメリットというものを向こうが感じられるものがあるかどうか。

川勝 日本は税制が一律でしょう。アメリカのように州ごとに法人税はこれだけにします、不動産税はこうしますというふうに、いまの国税で決められてるようなものを各地域が自由裁量で決められるようにしますと、動くと思います。場合によっては、経済特区を定めて、無税でよろしいと。

榊原 いやいや、そうやってもいいんですけれどね。川勝さんのいうような非常に大きな単位ならそれができるかもしれないけれども、非常に現実的にいうと、地方交付税的なシステムは最後に残さなければいけない。それは熊本一県や島根一県だったらできないです。九州規模でやった場合にはできるかもしれない。ただ、九州の中で地方交付税がなければいけないんです。透明な形の交付税システムをつくる必要があります。地方で行政改革をしても交付税が減るだけなんです。

川勝 いや、私が申し上げてるのは、けっして熊本のような県単位とか市町村レヴェルではありません。さきほどの海の日本、平野の日本、山の日本、森の日本といった地域単位です。

姜 それはゾーニングの問題ですね。

榊原 そうそう。だから大きなゾーニングならいける可能性がある。

川勝 四つの地域ユニットに課税権をふくめて、立法権、主権を委譲していく。いまは全部一律でしょう。そうでなくて、もし企業誘致を望む地域なら、それをしやすいようにできる。ただ、榊原さんがおっしゃったように、これは大きな地域単位ですから、内部にはでこぼこがあるので、いったん地域政府で集めた税収の中から地域全体の住民が福祉を享受できるように手当てをしていくということは、構造上必ず要請されてくると思います。国家というのは課税権をもっている権力です。その権力を地域に委譲していくことによって、地域に応じた企業誘致のしやすい多極分権的な国の形にすることが話の大筋です。

榊原 いや、反対ではないんですけれども、事実関係からいうと、たとえば日本の地方税の割合というのは連邦国家と同じなんです。じつは日本の地方税はけっこう多いんです。四十数パーセント、地方税が。そのぐらい地方税で取られてるでしょう。だからじつは日本はそうとう税の面では分権的で、これ以上、いまの県の単位で——川勝さんのように、五つか六つにしたときはまた違うけれど――これ以上税を分権するのは非常に非現実的、つまり無理なんです。熊本県が税の権限を委譲されても、企業誘致はできない。だからそこのところをどう考えるかというと、まさにさっきぼくが申し上げたように、国をつくりなおすということだから、そうとう丁寧に、どういう形の連邦国家をつくって、どういう形の税の主権をもたせて、どういう形の財政の移転制度にするかとか、そういうことをそうとう精緻に、実証的にやっていかないといけないと思います。基本的には反対ではないですよ。

姜 たしかに三、四割、地方税で集めて、そして国税で六割集めてる。それをまた地方交付税や補助金で地方に配りますから、実際は地方で使っているのが三ぐらいで、国で二ぐらいだというこどに逆転するんですけれどね。ただ中央から地方に交付税をあげるために、そこでいろいろ地方の自立が妨げられるという面があるわけです。ですからそういう地域で税を納めて、それがどういう形で使われているかというのが、それこそトランスパレントにわかる、それが重要です。それがわからないまま補助金とか地方交付税でもらうために、なんとなくもらうものだということで、自分たちのいわば納税者意識と責任みたいなものが、なかなか出てこないんです。

ところがいま、榊原さんがおっしゃったように、三重県の例が典型的ですけれども、いったん情報公開すると、何がいいか悪いかということについて判断するレヴェルが非常に高くなることがありえるわけですね。ですからその意味ではそれこそ血を流さない変革が進みうる可能性に開かれつつあるとも言えるわけですね。

榊原 無血革命ですね（笑）。

物流のコストダウンを

武者小路 地域を大事にしていくという場合に、地方分権というものを裏付けるものとして、山だか森だか平野だか海洋という自然地理的特性による地方色、文化的な伝統に基づく地方色、そういうそれぞれの地域のアイデンティティなり個性なりを確立し保存していく必要があります。また、地場産業というものを大事にしなくてはいけないのではないかと思います。しかし地場産業だけを大事にするということで、外から入ってくる産業に反対することはいけないと思います。

もっとも、素人的な発言ですけれども、日本のいろんな地方に、開発途上国を含めて、いろんな国の多様な中小産業が入ってくればいいんですけれども、はいってくる外国企業はみんなアメリカを本拠とする多国籍産業だけが圧倒的に多いということはやはり問題ではないかと思います。いろんな地方色のある中小企業が倒産し、企業合併が起こると、結局アメリカの産業がどんどん日本に入ってきて、日本がアメリカの州みたいになってしまう。米国の一つの州ならともかく、一応日本が独立国であるならば、もう少し、地場産業を中心に日本の産業が、多国籍化するなかでも、自分の生まれた地域の特色を出さないといけないのではないか。外から入ってきた産業は、やはりいろいろ国際金融の流れ如何で、いつでもほかの国に移ることができる。沖縄などがその例になると思うんですけれども、本当に沖縄の環境を大事にするのは、米国やヤマトからはいったホテルではない。沖縄のホテルだったらほかに移りませんから、自分のところの環境も大事にする。そういう意味で、地場産業、地方色を出すような産業を大切にする必要がある。それから農業もそうだと思いますけれども、外からアグリ・ビジネスがやってきて、日本各地の伝統的な農業がどんどんやられてしまうということがいいかどうかという問題もあります。それで、その点についても皆さんのご意見を伺いたいと思います。

姜 何年前でしたか、『サード・ディバイド（第三の分水嶺）』という本が話題になったときがありましたね。イタリアで比較的に小規模な経営のネットワークキングがもつ新しさがあらためて脚光をあびたわけです。あれはひところ流行ったんですけれども、グローバル化で全部、そういう可能性が摘み取られたというか……。私はその地場産業を考えるにしても、いまのような間接金融で銀行がほとんどベンチャーに貸し渋りをするような状況で、中小企業が本当に生き残れるような金融システムがないですね。それをきちんと整えないかぎり、小規模な、その風土に合った新しい産業を起こすのはむずかしいのではないか。たとえば韓国の場合には、通貨危機でもうめちゃくちゃになってしまったから、逆にベンチャーが出てきたわけですね、ある意味では。ぼくは、日本はここまでソフィスケートされて、複雑になって、巨大になって、逆に変革ができなくなっている。

それを考えると、その最大のネックの一つは、交通や通信などの根幹的なインフラの使用料が高いことです。中国や韓国からおいでになったお客さんのなかで、たとえば大阪から東京へ来るときに新幹線がこんなに高いものかとびっくりされますね。たとえば大阪から東京まで、いくらですか。特急券入れて一万円越えるでしょう。たとえば、ぼくが車で首都高に乗っても七百円ですね。

榊原 本当に有料道路代が高すぎる。

武者小路 そうですよね。

姜 そうでしょう。そしてちょっとすれば二千円になってしまう、ほかの所に行くのに。しかも高速とはとうてい言えない状況で……。やはり最大の一つの問題は、道路と鉄道、そして通信のインフラのコストではないかと思うんです。コストのあまりの高さにみんなびっくりしてしまう。たとえば大阪と東京で一万数千円、往復二万数千円。韓国では日本円で二万数千円であれば、ほぼ一〇倍の二十数万ウォンですよ。二四万ウォンあったら海外に出た方がいいくらいです。

だから、もしゾーニングするにしても、交通と通信のコスト高をどうするのか。それが、最大のネックのひとつではないでしょうか。それが物流コストに反映されていますね。

土建国家的な発想だと批判されるかもしれませんが、例えば玄海灘にドーバー海峡と同じようにトンネルを掘って、日本と朝鮮半島の間に直接陸のルートをつくり、さらに南北との間を道路と鉄道でつなげ、さらに沿海州からシベリア、ヨーロッパへのルートに繋げられれば、海運の時間とコストとは比べものにならないほどの世界的なヒトとモノの交流が進むのではないかと想像する時があります。

実際、南北は、京義鉄道の開設が進みつつありますし、そうしたことがまったく夢物語だとは思えません。そうした国際的な交通・輸送の変化が起きれば、それが日本国内のそれらにもはね返ってくるのではないでしょうか。

国内だけに限っても、こんなに高ければ、これは地場産業をやっていくにしても、また外資にとってもハードルが高くてうまくいかないのではないでしょうか。インフラにかかるコストをどうしたら魅力あるものにできるのか。それがないと地域の地場産業を育成しようとしてもだめではないかと思います。

地方の閉鎖性を打破せよ

榊原　まさにそうなんですけれども、ぼくは日本の地域の地場産業で、いま現在の最大の問題は閉鎖性だと思うんです。日本の地域というのは非常に閉鎖的です。明らかに地場産業の過保護なんです。

名古屋というのは、名古屋に本拠を置かない企業をほとんど入れてなかったんです、いままで。ホテル一つも、名古屋鉄道が持っていて、ほかの資本を入れないわけです。ですからそれは典型だけれども、地場産業のいままでの形の保護ではなくて、むしろ外国系のものを入れてしまって、東京と対抗するとか、いろんなストラテジーが必要で、むしろ地方の閉鎖性をどうやって打破するかということを考える必要がある。そして物流一つをとっても、九州だったら、あるいは日本海側だったら、中国とつないだ方が速いですよ。その方が安いですよ。中国から九州にもってくる物流コストと、九州から東京にもってくる物流コストは、おそらく後者の方が高いはずです。

日本の物流コストを下げるというのは非常にむずかしいんです。なぜかというと、もちろん道路族をやっつけたりして、コストを若干下げることはできますよ。日本は別に鉄道と有料道路だけでなくて、タクシー代が一番高いんです（笑）。日本ほどタクシーの高い所はない。なぜかというと、こういうことをオープンにいうと怒られるけれど、タクシーの運転手さんの賃金が高いからです。だから日本はやはり高物価・高福祉・高賃金国なんです。だから非常にそこはむずかしいです。

だからむしろ、ぼくはさっきの川勝構想と結びつくんだけれど、九州とか近畿とかいうのは、むしろ韓国とか中国とつないで、共通経済圏をつくって、そこでそれをインセンティヴにして国内物流を下げるということをやらないと、日本の国内だけで完結したシステムをつくって、結局、有料道路を高くしてしまったのは地方に有料道路をつくったからですね。それを全部プール制でやったものですから、本来は東名とか名神はタダになっていないといけないわけです。昔の制度だったらタダです、東名、名神は。それで地方に有料道路ができなかったという世界ですね。それを地方に有料道路をつくったものだから、東名や名神が相変わらず高い、物流コストは高い、こういう世界です。だからそこは非常にむずかしい。ある意味では、日本のある種の大衆社会民主主義システムをぶっ壊さないと、そこのコストは下がらないという、非常にむずかしい問題がありますす。じゃあ、タクシーの運転手さんの賃金を下げていいのかというと、それはみんな怒りますね（笑）。

川勝　いまの有料道路、鉄道運賃のことですけれども、ご承知かどうか、イギリスは鉄道の母国ですが、全部民間が建設したのです。日本では鉄道や道路は国家が造るものだというような思いこみがある。これはどうもおかしいのではないかと思います。

榊原　鉄道国有化は明治三十七年でしょう。それまでは民間ですね。

川勝　日本最初の鉄道は外資で造っていますね。日本は軍事的目的もあって、国がどこの路線をどうするという計画を決めて建設してきた面があります。ただ、物流は、一番大切でしょうね。

ちょっと話はずれますけれども、グローバリズムのなかで、地場産業で大きくなって、しかもアメリカ的スタンダードに傾かない日本の企業を一つあげるとすれば、トヨタではないかと思います。トヨタはトヨタ・ウェイというか、トヨタ生産方式というか、人を切らないで、年間一兆円規模の経常利益を上げている。アメリカのスタンダードに合わせるのではなく、徹底的に地場の経験を普遍化していった。もともと豊田佐吉からはじまって、喜一郎さんでしたか、自動車に乗り出して、さらにまたトヨタ・ハウスというプレハブ建設にまで乗り出してきた。日本の地場産業が、地域に閉じられているのではなくて、開いていった企業もあります。

榊原　名古屋でずっとトヨタは外様だったんです（笑）。名古屋の地場産業にカウントしてもらえないんだ。

川勝 豊田市に本社があるんですね。本社は移さないですね。見上げたものです。浜松には河合楽器、ヤマハ、ホンダ、光ホトニックスなどものすごい産業が育っていますが、どこもかしこもというわけにはいかないんじゃないですか。ともあれ良質の労働力があって、物流のインフラストラクチャーがあり、そして地域政府が補助してくれるというようなことがあると、企業は移っていく。たとえばトヨタだってケンタッキーに支社をつくったとき、そこには何もなかったんじゃないですか。農民でしょう。だけど州知事が外国企業を歓迎し、全面的に支援すると約束して、トヨタが乗り出していった。それが好循環になってたくさんの企業が入っていったという経緯がありますね。ですからやはり自分たちで地域の目標を決めて、企業を誘致できる条件を整えないかぎり、なかなか発展しないと思います。

その最大の障壁は日本の地方社会の排他性です。それを何がつき破ってきたかというと、結局、鉄道や道路です。鉄道や道路の建設が財政赤字の一因だと言われますが、きちっとした高速交通網を造り上げないかぎり、閉鎖性は打ち破れないし、物流も効率化しないと思います。それをだれがつくるか。使うものが負担をするという原則でやるには、目に見える形でどこに税金を使うかを決める政策決定、意思決定に地域住民が入っていくしかない。そうしないかぎり、いつまでもいまのような状態が続くのではないかと思います。

武者小路 その問題と関連して、もう一つ姜さんがはじめにご指摘になった金融の問題も大切だと思います。国際金融の仕組のなかで、結局、アメリカの競争力が一番強いということもあって、メガコンペティションの勝負がはじめからついている面があるのではないか。ですから地場産業を大事にそだてることはまったくできない。たしかに、閉鎖性はよくないし、市場は開いた方がいいんですけれども、開いたときにアメリカの会社ばかりが入ってくることは、日本経済の品質やアイデンティティとか、競争力にしても、犠牲にされかねないように思います。

榊原 ただ、二つありまして、日本の地方金融というのは、そうとう腐っています。信用金庫とか、信用組合とか。ですからおそらく、いま金融ビッグバンのプロセスでペイオフなどになると、地方の金融機関はつぶれるんです。しかも閉鎖的ですから、そこにずっと五十年も百年もいる人たちが信用金庫のトップになって、コネクションでお金を貸しているというシステムがあります。ですからそこは非常に地方の閉鎖性と、地方の金融システムがオーバーラップしています。それでいまでも、私は財務局にいたことがありますから、地方の金融のトップというのは、相変わらずお殿様です。かつての大名みたいなものです。それでもう中央に来ると、金融機関のトップというのは、みんなにぶっ叩かれて小さくなっていますけれど、地方だとえらいですよね。地方銀行の頭取なんてすごくえらいですよ。みんな商工会議所の会長などやってる。だけどそこを変えていく必要があるというのが一つあります。

それからもう一つ、ぼくはそこが武者小路さんと違うのかもしれないけれども、ぼくはもっとアメリカでもなんでもいいから、外国が入ってきていいじゃないかと。こんなに外国の企業の少ない国はないです。あるのはケンタッキー・フライドチキンとマクドナルドぐらいでね。それで必ずしもアメリカと限らないで、カルフールが入ってきていいわけですね。フランスの企業が入ってくるし、いまやヨーロッパの企業でそうとうコンペティティなところがありますから、それを入れるとか、もうちょっとぼくは、とくに地方にいい外国系の企業が入ってきていいのではないかと思うんてず。

武者小路 それはいいと思います。入ってくる外国企業の国籍を散らすことができるような処方箋がないものでしょうか。

榊原 うーん。日本の場合に、たとえばアメリカ系の企業が入ってきても、なかなか商売はうまくいきません、リテール（小売店）は。日本で一番むずかしいのは小売りですから。そこで閉鎖性というか、一つの文化みたいなものがありますから、そう簡単にアメリカの企業にやられない、それは。だからおおいにやらせたらいいと思うんです。

日本でマクドナルドなんかが成功するのは、あれは日本化するからです。ハンバーガーの味が違いますよね、日本のハンバーガーとアメリカのハンバーガーは全然。だからぼくはどっちかというと、アメリカをふくめて外国の企業をもっと入れていいのではないかと。たとえば流通で外国系の企業のシェアは一パーセント以下です。だからこれが二〇パーセントぐらいになっているんだったら、ぼくはご懸念に賛成しますけれども、一〇パーセントや一五パーセントあってもいいじゃないですかという気がするんです。そうすると刺激になって、ぼくはいいと思うんです。で、日本人が同じことをやると、もう袋叩きにあう。ところがゴーンさんがやれば大丈夫なんです。だからぼくはそういう意味で、外国系の企業を使ったらいいと思うんです。

武者小路 その場合に、さっきのお話との関係で、たとえば九州だったら、米国とか東京の方からの企業の進出ではなくて、韓国とか、東南アジアの方との貿易だけではなくて、企業の相互乗り入れみたいな仕組みができないものでしょうか。それが増えるような振興策というのはないでしょうか。

榊原 ですからたとえば日本海に面した県だったら、大連なんかと組めばいいでしょう。だから華北と組めますね。九州は華南ですね。そういう組み方がいくらでもあるし、そこに対して自主権を与えろという川勝さんの意見には賛成です。

外務省を解体せよ

教育を世界に開くには

川勝　いま地場産業について、製造業やサービス産業を中心に言われましたが、教育も大変な産業なんです。大学ならば短大でも二年、ないし大学なら四年間、授業料を払ってくれるわけです（笑）。教育は大きな産業で、もっと海外の研究者や青年に開く必要がある。しかし大学設置基準とかいろいろな法律があって、文科省の規制の中にあります。教育あるいは学問の担い手は思い切って国際化する必要がある。先生も学生も研究者もふくめてです。大学は人材を育成していく機関で、ものすごい投資になってくると思います。将来の財産を生む人材をつくるという意味において、教育産業の国際化が必要です。

榊原　立命館が九州でやってますね。あれはけっこううまくいっている。

川勝　アジア太平洋大学ですね。あれはうまくいってる。立命館の分校ですけれども、実際上やっていることは本校とまったく違うし、場所も遠い。学生の半分は外国人ということに決めて、しかも彼らが来日して困らないように、必ず住居は最低一年間は住めるようにしている。しかもキャンパスの中に同じ建築様式で立てているのもいい。行き届いています。国の数も五〇か国近い。日本全体では中国人留学生が半数を占めていますが、アジア太平洋大学では国の数を増やすことも基本政策になっています。この点も高く評価できます。しかも立地は別府湾を見下ろす絶景の丘の上です。二〇分ほど坂を下っていくと温泉街です。平松（守彦）知事が土地を提供する。運営は民間の立命館に任せる。もし県が運営するとなると、毎年大きな出費がいります。民間に委ねることで、知事のリーダーシップと民間とがうまくマッチしましたね。坂本（和一）さんが学長です。外国人だったらだれでもいいということになりますと、中国人が半分以上になります。そうしないで、なるべく国籍を散らすといういわゆるクォータ制です。そうすることによって本当の国際性が保たれています。ただ、何を教えるかということがあると思うんです（笑）。また何語で教えるかという問題もあります。日本語だけというわけにいかない。

榊原 英語ですね。

川勝 英語も必要です。それが自由に使えることが必要です。先生が日本人だけだとなかなかそうはいかないので、教授陣の国際性が必要です。もう一つ、何を教えるかということになる。経済学だとか国際関係論ならばアメリカ、イギリス、フランスに行った方がいいということになる。それも大切な科目であり、既存のいわゆる洋学のレヴェルは日本は非常に高いのですが、洋学だけなら日本で学ぶ必然性がない。やはり日本独自の学問がないといけないでしょう。しかも自分の国に帰って役に立つとか、資格が評価されるということになりますと、環境学とか、生態系につながる自然学とか、人生学もあっていい。生き方、自然についての知識、環境もふくめた独自の学問が求められています。洋学と言いましたが、要するに明治以来、日本がやってきたのは、「日本人の先生による日本語による日本の青少年のための洋学教育」であったと思います。これは明治五年の学制以来やってきたことです。洋学の受容は終わりました。ちょうど仏教の受容の歴史でいえば、国風仏教の出てくる鎌倉時代に入ったということです。鎌倉時代は土着化した仏教が興隆した時代です。近世の朱子学を中心とした儒学の受容の歴史でいえば、受容が一段落して国学が起こってきた、十七世紀末から十八世紀にかけての時期に当たっているのが、いまの時代で、洋学は欧米と日本でほぼ対等になってきました。対等になってきたところで、本場のものを、本場というとおかしいですが、英語やフランス語やドイツ語で教えられていた洋学が今や全部日本で学べる時代です。外国人留学生が日本語で学ぶのは大変です。それを外国語で教えるのも重要ですが、今度は日本独自の学問を立てることをしないと具合が悪いのではないか。だから学問の再編成もいるのではないですか。

武者小路 大賛成ですが、一つだけ異議があります。いま日本でやっているのは洋学ではなく、米学です（笑）。

姜 それと関係すると、大学ということはかなり大きいですね。

川勝 大きいですよ。何しろ大学では三百万人の青年たちが常時学んでいます。毎年、七五万から八〇万ぐらいが入学してくるでしょう。つねに三百万人。

姜 たとえば今年から共通一次で韓国語が外国語の一つに正式になりましたね。そうしたら、たとえば韓国の大学に留学した場合に単位の互換制があるとか、東大とソウル大は将来やろうとしているんですけれども、たとえばヨーロッパだと、ヨーロッパ大学みたいなことがあるでしょう。あれと同じように「アジア大学」……というと亜細亜大学だけれど（笑）、もっと違った意味で国境を越えて単位の互換制が……。

言語をやっている学生たちが外国語を選んで、たとえば中国語を選んだ場合には、中国の大学が受け入れるとか、逆に向こうが日本語をやる学生を受け入れて、単位の互換制をするとか、何かもうちょっと大学をうまく使うというのは……。

大学の「規制」を緩和する

榊原 文部科学省の規制が問題です。教育は公共財ではあるけれど、これだけ規制する必要はないわけです。それからこれをいうとあれなんですけれど、要するに大学が大衆民主主義になっているわけです。つまり人事権が教授会にあるというのはおかしいです。

ですからちゃんとマネジメントができるようなシステムにしてあげないと、ノーマネジメントでしょう。だからぼくは学校教育法の抜本改正が必要だと思う。学校教育法をはじめとする、教育関連法案を抜本改正して、基本的にマネージできるようなシステムにして、それで競争を導入して、要するに先生間の競争がなければ生徒間も競争がなかなかできないわけです。だからそういうシステムに日本の大学をするというのはすごく大事で、これから成長産業なんですね、おそらく。医療とか教育は成長産業なんです。

川勝 アフガニスタンでも青年たちが銃を捨てたあと、何をしたいかというと、学校に行きたいといってるでしょう。あれは切実ですね。教育に対する渇望というか、これは先進国でもそうですが、貧しい国においてはもっと強いのではないですか。

武者小路 その場合、国際関係のなかでの教育問題との取り組みということで申しますと、ヨーロッパつまりＥＵでは、教育についての国家間の話し合いのほかに、大学などの交流も盛んになっているし、欧州規模の研究組織などもできている。そのほかにも、なんとかいいます留学生交換の制度もおおいに活用されています。

榊原 ＥＵコミッションですね。

武者小路 そういう欧州諸国が主導するものもありますが、むしろ全欧州規模での大学のネットワークができて、そこでエラスムス留学生という名前がついている留学制度ができています。たとえば日本が中心になってもいいけれども、日本だけではなくて、むしろアジアの全域で、そういう大学のネットワークをつくるといいと思います。そういうことができれば、かなり日本国内での大学教育もひらかれたものになっていく。

川勝 大賛成です。学問は本来国境を越えるものですから、姜さんのいわれる東アジアの家もつくれます。ＥＵでは、ヨーロッパの歴史の教科書を、マーストリヒト条約がつくられた前後に、いっしょにつくろうということになって、いま使っています。実際、人もパスポートなしで動けるということになったときに、それじゃあ、同じような地域の歴史を、ヨーロッパ地域の歴史をいっしょに学ぼうじゃないかということで教科書がつくられた。しかし、東アジアではこれからの課題です。いまのように、それぞれの国に文科省があって仕切っている。たとえば中国で、いま何がもっとも大切かというと、愛国主義です。先般、南の雲南省に行っても愛国主義を鼓舞する看板がやたらと出ています。中国のナショナリズムもここまで来たかという感慨をもちました。つまり国民という意識を百年かけてようやくつくりあげて、オリンピックも開催できるところまで来たのですが、このような愛国主義運動が繰り広げられている中で東アジア共通の教科書を作るといっても、なかなかむずかしい。その前に、大学間を通して、青年の交流を実態として作りあげたあとで、教科書をいっしょに作るなら作れると思います。

姜　いまちょっと危険なのは、アメリカも中国も、愛国心「発情期」なんです（笑）。カッコつきでいうと。そういうひどい言い方をすれば。

榊原　アメリカというのはつねに発情期ですよ（笑）。

姜　そういう大国が発情期になっては困るわけで、かつて日本はそれだったから、たしかに日本のナショナリストからすれば、周りが全部発情期なのに自分たちはどうするんだという危機意識からそういう問題が出てくるでしょうけれど。ただ、いまおっしゃったことは賛成で、それならばどうしたらいいかとなると、たとえばいまおっしゃったように、大学についてもう少し共通の家的なものを、国を越えてできないかどうかです。

榊原 ただ、それぞれが規制のもとにあるからできないんです。

姜 それはもう、それぞれの国の文科省的なものを解除していく以外に方法はない。

川勝 まず日本です。これくらい国を思う気持ちが低くなっている時代は、明治維新以降ないのではないでしょうか。近代以前ですと、それぞれ藩という国に対するアイデンティティはきわめて強烈でした。それを乗り越えて日本国というアイデンティティをつくってきた。ところが、いま国が大切であり、国に属しているという気持ちをもつ若人が少ない。ただ、いったん外に出ると、中田（英寿）君、イチロー君にしても、日本人として自覚せざるをえませんね、当たり前ですけれども。

ただ、若者に日本人意識が希薄なだけに、新しい国づくりがしやすいとも言えます。文科省の強大な規制を変えるためには、思い切って外国人を入れられるようにする。大学はBA（学士号）、MA（修士号）、Ph・D（博士号）という資格を出す機関で、これらの学位はグローバル・スタンダードです。

姜　いま国立大学で一番困るのはお金です。たとえば外から呼ぶにしても、その煩雑さ。たとえばファンドをとってきても、全部寄付金として国庫に入れてしまうでしょう。そうしたら、とにかく一円でも貸しがないように、会計は会計でしゃかりきになる。そうするとたとえば、外国から人を呼んで講演をしてもらったというときに、大変な作業になっています。

川勝　だけどそれは早稲田でも慶応でもやってるでしょう。

姜　どうでしょうかね。

川勝　私立は寄付金で潤っています。私立大学の数は一千百もあります。資金面では授業料が中心ですから悩みは絶えません。最近は私学助成金を国からもらっていますが、これは憲法違反だと思う。ともかく学の自立は早稲田と慶応が典型的です。私学には寄付金が入りますが、国立大学では寄付金を、だんだん規制緩和されているとはいえ、いったん文科省に納めて、そこからもらう。いちいち書類を書いて引き出す。こんなアホらしいことをやってる。ぼくは国家公務員になり下がりましたので（笑）、そのアホらしさ加減に嫌気がさすほどです。日本の国家形成の基礎は「一国の独立の基礎は一身の独立にあり」というところにあって、しかも一身の独立は学問で果たすというのです。ただし学問とはいえ、それは洋学であり、いまや米学ですが。

榊原 慶応といえども寄付金の額は少ないですよ（笑）、ハーバードやイェールに比べると。基金の額はハーバードの百分の一です。

川勝 まさに、そこのところで一番遅れているのが国立なんです。慶応は七十五周年、百周年、百二十五周年で、百億円単位の寄付金を集めた。国立では、いまそういうことは規制があってできないです。愛校心が出てこない。

姜 だから矛盾があるんですよ。

川勝 世界各地の優秀な学生を受け入れ、やがて彼らがそれぞれの国に帰って立派になって、青春の記念碑として母校に寄付するという愛校心にもとづいた財源があります。人材をつくりあげるには、私は教育投資ほど高い志をもったお金の使い方はないと思います。それが自由にできるシステムに国立はなっていません。

榊原 いやいや、理想的にはそうなんだけれど、国から金を入れるのでも、いまみたいなルールで入れちゃいけないんです。ぼくは財務省、大蔵省にいましたからよく知ってますが、まず国の会計法というのはめちゃくちゃな法律なんです。これは明治時代の法律です。しかも学校会計は、それをもっとゆがめている。だから学校の会計ほどめんどうくさくて、もうレッド・テープで、どうしようもない会計はないんです。ぼくは慶応に入ってきて、慶応の会計でも国の会計より悪いんです。どうなっているか。たとえば利益は出してはいけないという会計になっていますから、繰越金という概念がないんです。だから本当の大福帳なんです。それでもともと国の会計が大福帳でしょう。大学の会計はもっと大福帳なんです。だから本当はそこを変えなければいけないんです。で、国が出したときに条件をつけないで出さなければいけない。その代わりパーフォーマンスを問うと。そういうことにしなければいけないんだけれど、まったくなってない。パーフォーマンスは問わないで、箸の上げ下ろしまで全部コントロールする仕掛けになっているんです。

姜 だからもう完全に帳尻を合わせることに腐心するわけでしょう、非常に形式的な問題で。ままごとやりながら、一方で業績をあげろと。しかしもう一方であれだけがんじがらめにされて。

榊原 もうシステムを完全に変えなければだめです。

海外経験者を活かせる社会に

武者小路 日本国内でのシステムを変えることは、とても大事なことなんですけれども、この問題を外交戦略ということとつなげて、一つこんなことはないだろうかということを申し上げたいと思います。たとえば博士号とか修士号とか、大学の単位を相互に認めるということは、グローバルな調整ということとともに、アジアならＡＳＥＡＮ＋３の枠のなかでも、地域レヴェルの調整をする必要がある。それから全世界に共通する政策をちゃんとつくって、それに日本もその中で他のアジア諸国といっしょに行動できるようにルールをつくっていくべきではないでしょうか。規制緩和もしないといけないかもしれませんが、同時に地域の国々がいっしょに協力していけないと困る。不要な規制の緩和と、必要な規制と、その両方をいっしょにやる必要があるのではないかと思います。国際的な基準作りということを、脱規制とともに進める。その場合の基準作りを、日本の外交政策として主張し実施していくことは、実際問題として、じつはいまかなりやりやすくなってきているといえます。

というのは、国連のなかで教育問題、とくに大学教育のことをあつかっているＵＮＥＳＣＯの事務局長は松浦さんですし、国連大学の本部が日本にあります。残念ながら、いま日本の学術外交のなかでは国連大学が全然使われていません。けれども、使おうと思えばいくらでも使えるはずです。要するに、日本だけのためではなくて、アジア地域の学術の振興、学問の発展のため、それから世界的な科学技術発展のために、はっきりした外交方針を確立すべきです。これまでは、アメリカが一生懸命そういうことをやってきた。だけど、アメリカはＵＮＥＳＣＯを脱退したまま今日におよんでいる。それは、この国連機関を通さなくても、自分のところに留学生も研究者もみんな来るからでもあります。日本としては、米国以外のところに勉強ができるようにし、勉強したときに、そのことが、アジア全域の中で共通の基準にしたがって評価できるようにする必要がある。たとえばソウル大学で修士号とか博士号をとれば、日本のなかで就職が非常によくできるようにすべきです。そういう高等教育の基準について、お互いの交換性をつくりだす方向に、日本が一定の学術外交を進めていくことはできないでしょうか。

姜 そのときに共通のテーマで合意を得たのは、日米機軸論を、少なくともそれを相対化するという点では、みんなの合意があると思います。それは二国間症候群に冒された日米関係から脱却することです。じゃあ、なぜアメリカが強いのか。軍事力が強い、ドルが強い、最大の強みは人材だと思います。

榊原 大学が強いんです。研究所が強い。

姜 中国共産党の幹部だと、裏ルートで向こうに留学させるわけでしょう。ちょうどアメリカが、ドルが第三項的に地域通貨を共約できるように、アメリカを経ることによって、はじめて知的な共約関係が成り立つようになってるわけですね。それを脱却しないかぎりむずかしいでしょう。韓国もほとんどテクノクラート、エリートはアメリカでPh・Dだし、日本だってそうでしょうし、東南アジアからほとんどそうですよね。

榊原 いや、ぼくは、六年ぐらい前ですか、ＡＰＥＣ蔵相会議を京都でやったことがあるんです。たまたま京都の警察にいじわるされまして、いつも中央で食っていたんですが、嵐山で飯を食いたいと言ったら、それはダメだという。嵐山から狙撃されるからというから、狙撃なんていうことはないだろうと(笑)。話が長くなって申しわけないんですが、最後にいじわるされたのは、大臣が車列で行くのは困ると。三〇台も四〇台も警護できないと。しょうがないから、ぼくは大臣とかアシスタントをバスに入れたんです。バス二台ぐらいにして入れた。バス二台ぐらいに入れますと、四〇分ぐらいかかりますから、プライベートな会話になるでしょう。そうするとプライベートな会話のなかで、やはりハーバードとか、ペンシルバニアとか、バークレーが出てくるんです。だから、つまりＡＰＥＣの大臣とそのアシスタントの共通体験というのは、アメリカ留学なんです。それを聞いて驚いたんです。だからまさにそれが共通体験なんです、アジア・太平洋の。

姜 それを覆すか、それと対抗できる何かをアジア的規模でつくらないかぎりむずかしいでしょうね。

榊原 それはそう簡単ではないです(笑)。

川勝　榊原さんはアメリカで学位をとられた。戦後の日本はフルブライト奨学金などでアメリカの世話になり、アメリカでエリート教育を受けて帰ってきた。戦前ですと、アメリカよりもヨーロッパではなかったかと思います。それはほんのわずかの人でした。そういう欧米留学が大事にされたのです。もう一つ、最近における海外留学が、それとは必ずしも自覚されないで起こっています。それは青年海外協力隊です。

青年は大学を卒業して外国へ行きたいという希望を大なり小なり持っています。遊びに行くというより違う世界を学びたいという知的好奇心がある。青年海外協力隊に選ばれるのは自分の技術や知識を役立てることができる青年です。試験を通らないと行けません。技術者、農業、日本語を教える力、獣医、看護、スポーツ、芸術など、いろいろあって、それはアメリカやヨーロッパで発揮しようと思ってもできないのです。ところが、いわゆるODAの対象国ですと、それが十分可能だし、しかもお金をもらって二年間も行ける。四十歳まで応募可能なので、企業の平社員であったとすると、戻ってきたら席がほとんどないのがふつうです。それでも応募する青年が多数います。

帰国したら、余計な二年間を過ごした青年のように思われている。これはおかしいと思う。どうしてそんなふうになっているのかと思うんですが、青年海外協力隊には二年間の間に五回ぐらいレポートを書く義務があります。なかにはしっかり現地のデータを集めている者もいます。ネパールやブータンなど未知の国で学ぶことがものすごくあって、いかに自分が知らないかに気づく。それをふくめて、なけなしの知識や技術を出しながら学んだことをレポートして五回、本部に出して、それで終わりです。帰ってきたら何もない。あとはNGOなり、あるいはボランタリー崩れといいますか、NGOの中にそういう人がいるんじゃないかと思いますが、そういうところしか生きる道がなくなっているということがあるんです。

しかしやってることは、外国で生活しながら学び、レポートを書き、自分の技術をそれなりにきっちりとどれだけ提供できたかを報告するというものです。これは新しい海外留学の形だといえます。その対象国が六五か国あります。こうした諸国に二年間の滞在中はその国を出てはいけないのです。とにかくよほどのことがないかぎり出国できない。JICAの厳格な指導下に置かれる。贅沢をしてると見られてはいけないからというので車も持ってはいけない。ところが一例ですけれども、獣医などですと、動物の去勢手術とか、怪我したヤギを助けるというときには、土日もないんですが、運転手を雇って、その人に連れて行ってもらわなくてはならない。JICA本部の定めた青年海外協力隊の規則です。厳格な規則のもとで仕事をしている隊員は、だいたい学士号を持っている青年です。彼らの二年間の業績は学士号以上の学位に匹敵すると思います。

そういう青年に学位を与えるには、どこがするのか。日本にはない。

武者小路　おっしゃるとおりですが、そこに二つ問題があります。一つは学位問題で、以前、開発途上諸国からの留学生にも学位を授与できる「開発大学」という大学をつくろうという計画が議論されてよかったと思ったら、文部省と外務省がけんかして、結局、そういう大学はできなかったということが過去にありました。それからもう一つ、これはむしろ日本の市民社会の問題ですけれども、海外青年協力隊デ仕事をしてきた青年を企業が雇わないのは、外国ボケをした、とかんがえているからだという話があります。要するに日本にいないということは、日本のなかのうまくいろいろ人とつきあう技術を忘れてしまうとかんがえられているのです。たしかに、外国に行っていると、カオやコネで仕事の能率をたかめたり、汚職をしたりする知恵が全然つかないわけです(笑)。だからそれは外国ボケということで、外国に行ったことは全然評価されない。企業の方で、海外経験を評価するように変わらないといけない。だけど結局、日本の企業も、政府も、市民社会も、外国に行くと、結局は日本のなかの人間関係に適応できなくなってしまう。この問題をどう解決したらいいでしょう。

川勝　おっしゃるとおりです。これを学術外交というか、学術文化教育外交に変換するにはどうしたらいいか。青年海外協力隊は相手国にとってはお雇い外国人です。ただし日本が金を払っている。シニア海外ボランティアなどは重要です。たとえばＪＩＣＡの元総裁の藤田公郎さんがシニア海外ボランティアとしてサモアに二年間行かれれた。二〇〇二年四月までです。藤田さんはサモアの外交顧問です。外相は首相が兼ねているので、首相顧問でもある。ただし、金を払っているのは日本のＪＩＣＡです。明治日本のお雇い外国人は、全部日本の金でやったから、本当にえらいと思います。日本は早く知的に自立しなくてはいけないということで、日本人が日本語で教育するのを促進しました。いまや日本人がお雇い外国人として行っている。地元の人たちや青年たちは、ほとんど例外なく、日本にあこがれており、お雇い外国人の国である日本に行きたいと思っている。あたかも日本がフランスやドイツやイギリスやアメリカのお雇い外国人にかつて学び、また本場の欧米に留学したいと思ったのと同じです。途上国にも有能な人材がいます。日本は明治の経験から学んで、現在の日本は、むしろそういうお雇い外国人として日本人が行っている六五か国を生かしたほうがいい。

どうしたらいいかというと、まず日本の学術・教育機関を思いきり開く必要があります。つまり大学は、国際的な社会、国際的コミュニティになっていないといけません。ところが日本は、高校まではもちろん、大学でも、ほぼ全部日本の青年で、日本の学生しかいない。国際的コミュニティになっていません。大学は生活共同体にもなっていない。それを解消しないといけないと思います。大学が一種の知的な共同体として国際性のある社会だということになれば、そこにODA対象国の地域から留学生が来る。日本で学んだ留学生は、本場で学んだということによって、帰っていくと、それなりの地位につくと、友好国を増やしていくことになります。これは日本の文明戦略です。文明国として日本は、日本があこがれたアメリカがやっているように、それを日本のスタイルで返していくということではないか。

榊原 青年協力隊でも問題は二つあって、一つは外務省自身の外交が途上国を蔑視しているんです。やってられないですよ、欧米中心で。ぼくはいつも言ってるんですが、アメリカに総領事館が一七あるんです。そんなにいらないです、アメリカの総領事館なんて。せいぜいニューヨークとロサンゼルスぐらいにあればいい。デンバー総領事館だとか、アトランタ総領事館だとか……。それでまともなところに大使館がないわけです、アフリカとか、中央アジアとか、そういうところに。それからそういう青年協力隊で帰ってきたような人を大事にしない風土が、もともと外務省にあるんです。

それからもう一つは企業にもあるから、少なくともそういう人の就職のめんどうぐらいは、送った人が見なければいけないですよ。少なくともそういうルールをつくって、それで企業に引き受けてもらうぐらいのことは、できないことはないんです。だからそのへん、ぼくは非常に外務省に批判的で、要するに外務省のアジア外交にしろ、なんにしろ、全部札束で人のほっぺたをひっぱたくようなことをやってきたわけです。基本的にそういう国の中に入って行くと、そうすると青年は入ってくるわけでしょう。入ってきて、帰ってきて、それで全然使いものにならないなんて言われて、気のどくですよ。川勝さんのいうように、そういう人を大事にしなければいけないし、その仕組をもう一度、JICAのシステムの中でもいいから作らなければいけないです。帰ってきた人をきちんとめんどうみるということをやらなければ。とくにアジアやアフリカか、そういう途上国の知識のある人が、まず外務省でえらくならないでしょう。なんとか専門官とか言われたり、虐待されたりして……。専門官はえらくならないですね。だからぼくはけっこうアジア外交をやったんです。そうすると、タイとかそういうところへ行くと、最後のぎりぎりは専門官に頼るんです。現地の言葉ができなければだめですから、英語ではだめなんです。そうすると彼らは頼られるんだけれど、彼らはステータス的に非常に低いんです。それで五年、十年いて。だからあの変な身分制度をぶっ壊さないと、まず。

川勝 その方法として、専門官にはプロフェッサーという資格を与えるのがよいでしょう。海外青年協力隊から帰ってきた青年は、基本的にMAの資格を与える。彼らは現地でフィールドワークをして、レポートも書いているので、課程修士に値します。青年海外協力隊は任地に行く前に三か月間、現地の言語の習得もをふくめて。みっちりと教育を受けます。この二年三か月の過程を、ただ、行きましたということだけで終えているのは、本当にもったいない。

榊原 できればあげたらいい。あげて、ちゃんと処遇しなくてはだめです。

川勝 そうです。それを海外留学として見なおすということもふくめて、制度的に保証していくことが不可欠です。外務省の体質が邪魔している。基本的に明治以来の欧米志向というものがあって、途上国も、途上国を学びながら援助活動をしている人も大事にされていない。

榊原 けしからんです。ぼくはだから石井（米雄）さんを駐タイ大使にしろっていうんだ（笑）。民間人起用なんていったけれど、あんなにいい駐タイ大使はないでしょう（笑）。

川勝 それは素晴らしい考えです。

榊原 たとえばそういう発想の転換が必要なんです。

川勝 そうです。あるいは姜さんを駐韓大使に……（笑）。

榊原 そうそう。そういうことなんです。絶対に必要なんです。

国益と癒着したアメリカの援助システム

武者小路　たしかに、そうなんですけれども、その前提になっているのは、アメリカだけが大事ではないということです。アメリカだけが大事ではないということは確認されましたが、そのほかに今度は、先進国と開発途上国との付き合いのあいだのバランスの問題に対処することも大切です。これまでの日本においては、先進国との付き合いの方が、とにかく外交の中心でした。途上国との付き合いにおいては、相手を助けてあげるということが優先事項になる。だから外務省には、経済局と経済協力局というのがあって、経済局のほうが、経済協力局より日本にとって大切な諸国家との付き合いを担当しているというランクづけが行われている。この区別をなくすためには、それこそグランドデザインのなかで、どういうふうに日本外交が開発途上諸国、とくにアジア諸国との付き合いによって、どのような国益を増進できるかをはっきりさせる必要がある。その場合に、アジアといっても、いろいろなアジアがあります。たとえば中央アジアだとか南アジアだとか西アジアだとか、それぞれについての外交目標をたてるべきです。さらには、アフリカとか、ラテンアメリカに対してはどのような原則に従って日本の国益を増進する外交を推進できるかということをはっきりさせる必要があります。青年協力隊はどんどん出ていくけれども、なんでバスケットボールを教えにエルサルバドルに行くのかとか、そういうことは全然説明されない。そこに一つの理屈とか原則を明確に打ち出す必要があります。

川勝 一〇年ほど前に設けられたシニア海外ボランティア制度のもとで、四十歳以上の人に応募資格があります。しかし、四十代とか五十代の人は忙しくてなかなか行きにくい。退職していく人は、明確な目的意識をもって、しかもそれなりに自分が何ができるか知っているし、人生経験もある。途上国では伝統が生きていて年寄りを大切にする。年配者が大切にされるので、日本の社会だと歯車だったのが、向こうに行くと顧問になって大切にしていただける。日本人の顧問がいる国というのはほとんどないのです。アメリカ人はいろんな顧問になって行っています。それはアメリカの国益になっています。外国人がアメリカを好きになる方法がよく考えぬかれています。たとえば榊原さんが慶応大学にいらして慶応の格があがるように、外国の顧問として赴任すれば大きく報道される。専門知識の財政だとか外交だとかを生かす。これは日本の国際貢献です。それが青年海外協力隊やシニア海外ボランティアのやっていることでもあります。

榊原 川勝さん、一ついうと、それはやはりシステムがあって、アメリカなり何なりはどこかで援助と結びついているんです。援助とコンサルティング・システムというのがあって、そういうものが一体になって、日本はＯＤＡをまともな形で出してないんです。それで本当はヒモ付きでいいんですよ。ヒモ付きでよくて、それで日本のコンサルティング・ファームってありますが、これはみんな建設省とかのＯＢが行ってて、癒着の構造なんですが、そうでなくて、もっときちっとした日本の客観的なコンサルタントが日本のＯＤＡの分配にちゃんと入れるようにすればいいんです。それでそういう人たちが入って、そういう人たちが顧問で行くと、もちろんその人の個人の見識とかインテグリーというところはあるんだけれども、やはりプラスになるというのは、それはドイツにもあるし、フランスにもあるし、アメリカにもあるんです。日本はそれがない。それを結局、外務省と外務官僚と一部の癒着した政治家が独占してるんです、そのメリットを。だからそこのシステムをやはり変えなくてはだめですよ。そこをＮＧＯが絡んだり、いろんな形でのコンサルタントが絡んだり、そういうシステムにしなくてはいけない。そうなっていない。で、ほかの国、とくにヨーロッパは、植民地の伝統がありますから、だからネットワークができてるわけです、きちっと。

メディアの役割

姜 いまは官と政治が批判されていますが、私はメディアが大きいのではないかと思うんです。さっきアメリカ総領事館が一七もあると言われましたけれども、大新聞、大メディアの派遣駐在員、これもまたものすごく米国に特化してるでしょう。まるきり同じような構造ですね。だからメディアの役割というものについて、やはりグランドデザインを考えるならば、もう少し考えなければいけないんじゃないかなと思います。

たとえば具体的にいうと、フランスであれば、ドイツとフランスで一緒にテレビ番組を作って、文字放送を使って、それぞれやるとか。あるいはたとえば日韓でいっしょになって合同で番組作りをして、一方では文字放送で流すとかいろいろな工夫やアイディアがあると思うんですが、どうもメディア産業はスケールメリットを追求することに血眼になっているとしか思えません。

榊原 メディアも、さっきの話もそうですけれども、巨大な保護産業なんです。規制産業の典型ですよ、メディアというのは。だからみんなコントロールされてるんです。

姜 そうでしょうね。とくにＮＨＫにいたっては、これは世界最大の放送局であるにもかかわらず、いまの状態でいいのかどうか。もうちょっとメディアが、たとえば変な番組でも、アメリカで何か子犬と人間のちょっとした珍騒動があると、必ず番組に出てくるんです。そういうことは、必ず流すんです、やはりアメリカであれば。

もっと大切なアイテムがあるにもかかわらず、そういうアイテムは流さない。たとえば中国やほかの国で起きたことはなかなか視聴者に伝わらない。だからニュース・ヴァリューのプライオリティがまったく成り立ってないというか、そういう問題がありますね。

榊原 わかります。ただ、やはり官から変えるべきで、そんなものはアトランタ総領事館をやめて、タジキスタンでもキルギスタンでも大使館を置けばいいんですよ（笑）。それがないんですから、中央アジアはウズベキスタンしか。

姜 そうですねえ。

外交の原則の確立には、まず外務省解体から

武者小路 おっしゃるとおりで、そっちの方から考えますと、いま日本の外務省は、安保理の常任入りのポストがほしいので、一生懸命アフリカの支持票をもらうために、アフリカ諸国に援

助をしようとしています。安保理の常任理事国のポストが決まったらもうだめで、決まるまで、それを利用するという必要があります（笑）。これは冗談ですけれども、グランドデザインを造って、日本外交が、ただもっぱらアメリカだけに頼らないようにすべきです。そうしないで、もう少し広く、どの国や地域に対しては、これこれの政策を推進するというように、日本外交のグランドデザインをはっきりさせる必要がある。さきほどお話がありましたように、日本は、たとえばシルクロードとか、イスラームの国ぐにとか、西アジアからアフリカにかけてかなり尊敬されている。尊敬されていることを活用して、そこで日本のためだけではなく、その国ぐにのためにもなるから協力するという大原則を確立する必要があります。ある意味では、アフリカは結局、旧植民地支配国に完全に従属しているから、そこに日本が入ってあげた方が、アフリカの国々も少し対応ができるわけだし、そういう政策を打ち出すということはできないものでしょうか。

姜　一応、死の商人をしてないですよ、日本は、これだけの大きい国で。で、やれることはいっぱいあるはずだし。さっき地雷の話も出ましたけれどね。だから日本のやれることというのは、そういう点から見ると、G７の中で特筆すべきでしょう。武器輸出をいままでしてなかったというのは。もちろん実際には、パトリオット・ミサイルに日本の高度な技術をアメリカは利用している。

榊原 それはしょうがないでしょうね。

姜 だから外交政策のなかにそういう点をきちんと位置づけて、日本独自で何ができるのか、それをもう少し総力戦で多極的にやればいいんですけれども、そっちはそっちでメリットと考えてないし、アメリカから言われれば、はいはいというし……。なんのプリンシプルがあるのかが見えてこないんです。

榊原 いや、プリンシプルはあるんです、対米従属（笑）。

川勝 今度、仮に首都機能が移ったとしますでしょう。他の地域はともかく、首都だけが先進国外交を継続してやればよい。

榊原 首都機能は移りません。つまり移る先が決まらない。東京から出すことはみんな合意しても、その先が決まらない。

川勝 いや、一応、首都機能移転に要するすべての手続きが終わりました。法律の整備や調査会の設置などすでに一〇年余りの時間をかけています。あとは国会が首都移転先をしぼりこむ作業が残されているのですが、日程的にはおそらく今年中にしぼりこみが行われるのではないかと思います。首都を移すかどうかは別ですが。ただ移転先を決めても、すぐに移れるものではなく、いまは移せるような財政的な状況もありません。段階を経ると思います。まず第一段階として一〇年ほどかけて国会を移す、次に第二段階として二、三〇年かけて行政機能を移す。だからその間は重都と言いますか、二重の首都があるという時期が、どっちにしても三、四〇年は続くと思います。

それは別にしまして、日本の外交はやることはいっぱいあると姜さんがおっしゃった。そのとおりだと思うんです。外交は連続していなければいけないので、これは現外務省の得意とする従来の先進国との協調外交をやってもらう。先に述べた四つの地域単位では先進国とは違う地域に働きかけていくと、かえって力を出せると思います。シルクロードは中東を経てアフリカにまで伸ばせる。一方、西太平洋は三日月型に南太平洋に出て、ラテンアメリカに伸ばせる。西太平洋でもS字型。シルクロードもS字型に延長できます。こういう地域はアフリカのように低開発国で、日本と歴史的に深い関係がないので、反日的ではない。むしろ日本に対するあこがれがある。

そういう合従連衡の外交を、日本連邦というコモンウェルスを構成する四つの地域が地域外交としてやっていくのがよいと思います。機軸はやはり安全性が大事なので、医療ですね。海外で一番困るのは、私が小さな体験で知ってるかぎりは、健康を害したときにどうするかということです。医学・医療、看護を通じた交流をやっていくことによって、向こうで日本語ができる医者や看護婦がいると日本人が安心して援助活動ができます。こういう国際交流が広い意味での国益になると思います。

榊原　連邦国家ができるのは、そうとう時間がかかるから、一つはやはりいまの外務省はある意味で解体しなければいけないんです。だから経済協力省みたいなものをつくって、完全に経済協力に関する権限を外務省からはぎとる。そういうことをやることもやはり考えないといけないと思うんです。いまの外務省の体質を変えるのはほとんど不可能に近い。個人的には非常に優秀な人がいるんです。ぼくも親しい人がたくさんいますけれども。だから一つ違う省をつくってしまうということも、現実問題として考えなければいけないのではないか。そうすると、いまの経済産業省と外務省と財務省からひきはがして、それで経済協力省をつくって、そこに独自の権限を与える。外務省とは全然別にするというようなことを、そろそろ考える時期にきてるのではないですか。

川勝　近代の外交はイスラームに起源があり、ヴェネチアに伝えられ、十七世紀にヨーロッパが主権国家体制になって、国王がアンバサダーを任命するという歴史をもっています。ところが王様のいないアメリカでは、アンバサダーは民間から上がることになった。近代外交の歴史は浅いのです。国王外交から民間の政治家が担っていくようになるのは、つい最近の話です。対外関係の担い手が一人の国王の意思から、しだいに国民レベルにまで下りていくというのが全体の流れです。その意味では、一人一人が正式に任命されたわけではなくても日本の代表としていわば外交官というところまでいくと思うんです。それがいわゆる草の根外交と言われているものだと思います。外務省が対外関係を全部仕切るというのは、時代の流れからすると旧態です。

榊原 とくに大使は特別職ですから、特別公務員ですから、外務省の人事ではないんです。あれは基本的に総理の人事です。で、天皇が認証を与えるわけでしょう。ですから大使の半数以上は、外務省以外の人でいいんです。民間人であったり、政治家であったり、ほかの省の人であったり、それからNGOの人になってもいいし。

姜 それから赴任の任期をそんなにころころ変えずに……。

榊原 五年ぐらいいてもらうと。少なくとも五年はいてもらうということにしないと、二年ぐらいで変えてしまうでしょう。役に立たない。

姜 出世コースばかり考えてやってるわけだから。

武者小路 要するに大使はその国の言葉がしゃべれなければいけないことにすれば。

榊原 そうすれば全然違ってくる。

武者小路 ちょうど現在のシステムと正反対に、特定国の専門をもつノンキャリアの外交官を優遇し出世させるとよい（笑）。専門官を大使にする。

東アジアと正面から向き合うことから

姜 今日、川勝さんが言ったことはそれなりにわかるんですが、やはり私は二十一世紀、日本が過去の歴史において一番やばかった地域との関係を「正常化」しないと、対米従属から脱却できないのではないかと思います。その意味で韓国や北朝鮮、中国や台湾との関係を長期的なスパンでしっかりと見据えるグランドデザインが必要です。

たとえば朝鮮半島だと、いま人口が南北合わせると約七千万近く。外側に五、六百万。そうすると、日本と合わせると、約二億人の規模の地域ができあがるわけです。韓国とは自由協定は近いうちにできるとは思うけれども。アメリカに対してきちっとしたオートノミーをもつためには、かつてやばかった国、地域と真正面に向き合う以外に方法はないのではないかと思うのです。

榊原 ぼくも九七年、九八年、政府にいましたけれども、日韓関係は劇的に改善するわけです。ちょっとしたことで改善するんです。あの時は本気になって韓国を助けましたけれどね。そういうことでくるっと変わるわけですから、そう簡単ではないと思うけれども、ぼくも賛成で、むずかしいけれど、やはり日中関係、日韓関係をテコにして、対米従属みたいな話を変えていくということしか手がない。もちろん、いいんですよ、シルクロードも太平洋もいいんだけれども、それは同時にやっていくということで、やはり日中ですよ、最終的には。日韓を通じて日中です。そこのところが非常に重要で、もちろんASEANも大事ですよ。だけどやはりそこに注力するということが、ぼくは非常に違うような気がします。

川勝 いや、それは言うまでもないんです。小泉さんだって外交政策は従来の継続です。最初の所信表明では、アメリカとの関係、中国との関係、韓国との関係、あとロシアのことを言いました。四つです。何の新鮮味もありません。そして二〇〇二年一月の施政方針ではアフガンが冒頭にきて、日米関係、沖縄が本土復帰三十周年だから沖縄、日中関係もちょうど国交正常三十年で、日中関係。それからASEANにこのあいだ行かれたので、ASEAN。それからEUとの関係も大事だという。平板ですね。これはこれまでの連続線です。

だから見落としているところを強調する必要がある。開発途上の諸国がたくさんあるシルクロードからアフリカ、さらに西太平洋南アメリカに至る地域です。この地域外交を強調することによって、かえって日本の独自性が出せる、あるいは日本しかできないのは、シルクロードと太平洋だと思っています。

榊原 ちょっと現実の話を聞いてください。それは太平洋連合国家もいいですよ。ぼくはパプアニューギニアの首相から顧問になってくれと頼まれた。だけどできないですよ、ぼくのいまの仕事をしてたら。だから本当にパプアニューギニアの首相の顧問になって、あそこはオーストラリアに全力投球ですから、ANU（オーストラリア国立大学）からみんな行ってるわけです。で、すごく知ってるわけです、パプアニューギニアは昔は植民地ですから。その中でぼくが一人で入って行って、片手間でやれるような仕事ではない。だからぼくは、あそこの首相にずいぶん言われたけれども、断ったんです、責任ある仕事ができないと。それじゃあ、そういう環境をつくって、だれかが入って行かないと、それはお前がパプアニューギニアの仕事をやれというのかもしれないのだけれど、ぼくだっていまパプアニューギニアに、おそらくエネルギーの七〇パーセント突っこまなければできないです。いまはできないです、ぼくは。そうしたら無責任な仕事になるから、それでお断りしたんだけれども。だからそういう人材を養成しなければだめですよ。

川勝 パプアニューギニアに原さんという人がいました。戦争でお父上がそこで亡くなられて、自ら顧問として行って、ODAをとり仕切る受皿になっておられた。後にサモアに大学ができて藤田公郎元JICA総裁の要請でサモアに移られました。サモア大学はオーストラリア、ニュージーランドがつくるのを反対したのです。なぜかというと、太平洋地域は、フィジーにある南太平洋大学で十分だという理由です。南太平洋諸島のすべての青年たちがそこで学べばいいと主張した。そこではオーストラリアの先生が教えている。サモア人は、独立心が強く、フィジーに一人送るんだったら、二〇人の学生を自分たちの島で教えられるということで、サモア大学をつくったのです。大学建設にお金を出したのは日本です。ところが先生はみんなニュージーランドとオーストラリアにとられた。

榊原 やはり戦略的にやらないと。そんな個人の努力ではできないと思う。

川勝 サモアは大家族主義で、大きな敷地にいっしょに住んでいます。みんなで敷地をきれいにしているのです。そして犯罪が稀で安全ということもあって、藤田公郎さんは六五か国の中からシニア海外ボランティアとしてどこを選ぶかというときに、サモアに行かれた。そして最初に考えられたのはやはり大学です。大学の立て直しに日本人が何かできるかということで、原さんをパプアニューギニアから引き抜いて、事務局長に据えられた。そうすると、日本からシニア海外ボランティアとして日本語を教える、音楽を教える、商業学を教える先生がようやく来た。二年たつとシニア海外ボランティアは日本に戻らないといけない。そうすると、これでまた短期的なものとして終わってしまう。いまいみじくも戦略と言われたように、大学を通じてやっていくことになりますと、これは継続的でなければなりません。

榊原 ただ、パプアニューギニアの件でいうと、おっしゃったように、大使館がないんです。

駐在員事務所みたいなものがある、一つ。で、ぼくが行ったときにお会いしたいといったら、やむをえず来て、その外務省の人は全然パプアニューギニアのことなんか知らないんです。だからやはりそこのパブリックな体制を変えないと、それはサモアでもいいですよ。そこにやはり大使館をつくるとか……。

川勝 パプアニューギニアが独立したときに、ソマレ首相はその式典に日本の皇太子に来てほしいと言われたそうです。宮内庁と外務省はにべもなく断った。じゃあ、これこれの皇室の縁者に来てほしいと少しずつランクを下げたのですが、全部断った。そうしたら、記念式場における各国の旗はパプアニューギニアの次にイギリスの旗があって、次に日章旗だったのです。それがだんだんだんだんと中心から遠ざかっていった。結局日本はだれを送ったかというと、しかるべき役職につけなかった老政治家を送った。パプア政府は末席に日章旗をずらしました。パプアニューギニアは日本の要人に対して来てほしいと思っていた。日本政府はその気持ちを知らずに、花道を望んでいた政治家を送ったわけです。このエピソードは、その場に居合わせた太平洋学の権威大島襄二先生から聞きました。そういうところにパプアニューギニアに対する日本の外務省の姿勢が端的に現れています。小さい国や弱い国のエリートには日本に対するあこがれが強いので、それに応えていかないといけないでしょう。

榊原 だからパプアニューギニアはオーストラリアの影響が強すぎるから日本に来てほしいんです。ただオーストラリアの大学は、パプアニューギニアに一生を懸けたりする人が山ほどいるんです。一〇人や一五人いるんです。そんなもの、ぼく一人で行ってもかないっこない（笑）。

武者小路 だからそれは個人の問題だけではなくて、日本の国としての体制ができてないと……。

榊原 それを外務省に言っても、何に言っても、こういう話がありますからだれか探してくださいといっても、一生懸命やらないんです。

武者小路 だから国として、二つのことを並行して考えないといけないのではないかと思います。日本に対して実際にいろいろ期待をしている諸国に対して、その期待に応えることを日本外交のグランドデザインの中心にすえることがとても必要であるといえます。その場合に、教育とか、学術・文化外交を大切に振興させる必要があります。この諸活動が大きな役割をしめてきているけれども、そんなに金をかけないで、しかも大きなことができるということがあると思います。

もう一つは、日本の周りでいままでのいろいろな問題を乗り越えなければいけないということがあります。日本としての外交のグランドデザインをちゃんとたてなければいけない。このことは、もう一つ大事なことだと思います。その場合に、さきほどの姜さんのご指摘がありましたように、日本が日米機軸、あるいは米学ばかりやるという体制を乗り越えるためにも、韓国との関係、あるいは場合によっては韓国を仲介にして中国とか、それからASEAN＋3を一つの枠組として、日本が平等の関係で他のアジア諸国とつきあっていくことが必要だし、それをやればアメリカばかりを見つめているという習慣を克服できると思います。

ただし、そういうことを主張すると必ず出てくる反論がある。日本が米国の政策を支持しないと、日本にとって破滅的なことになる。だから怖いから米国にすこしでも批判がましいことはやっちゃいかんという強い意見がある。これをあらためるには、アメリカに対する恐怖心をなんとか乗り越えないといけない。

榊原 それはトラウマです。

武者小路 まさにおっしゃるとおり、トラウマですね。

榊原 あそこの国は時々怒らせた方がいいんです（笑）。ぼくは時々怒らせましたから。

武者小路 そういうことが、まさに大切なのです。これからのグランドデザインの一つの柱は、アメリカを怒らせるということかもしれない（笑）。それくらい思い切ったことをして、日本が米国に追随してきている不幸な傾向を克服する必要があります。そういうことを結論としたいと思います。

（二〇〇二年二月一二日　於・山の上ホテル）

III 座談会を終えて

廃県置藩の思想

榊原英資

廃藩置県のクーデター

明治維新の基本的改革の一つ廃藩置県は、当時、苦境に立っていた中央政府の中堅官僚層のイニシアティブに端を発するきわめて迅速なクーデターであったといわれている。直接のきっかけは、山県有朋邸における野村靖と鳥尾小弥太の会議であった。野村は松下村塾出身の外務官僚、鳥尾は長州奇兵隊出身の兵部省の役人である。彼らの「書生論」と称される議論を聞いた山県が西郷隆盛を説得し、二人の訪問を受けた井上馨が木戸孝允を根回しするといった具合で事は急速に進展するのである。山県有朋の訪問に際し西郷がいとも簡単に「実にそうじゃ、夫は宜しかろうが、木戸の意見はどうか」と答えたことについて山県が驚き、拍子抜けしたと伝えられているが、明治政府内の「保守派」であった西郷も、時代の大きな流れを敏感に感じとっていたのであろう。西郷は後日、鹿児島の桂久武に宛てた書簡で、天下の形勢が急速に進歩に向かっていることと、そしてこの際、版籍奉還を上表した薩長土肥が他に先がけて郡県論をとるべきこと、そして私情においては忍びがたいが廃藩は天下の世運であると述べている。西郷と島津久光との関係を考えると、「私情においては忍びがたいが」という西郷の心情は痛いほど伝わってくる。廃藩置県を聞いた久光は西郷を「叛臣」だとののしり、大いに憤り、その夜桜島を前にした別邸で海岸に石炭船をつながせ終夜花火を打ちあげさせたといわれる。木戸もまた、旧藩主の毛利敬親の息子である藩知事の元徳に同じような思いをもっていた。七月一四日の廃藩置県の詔書を宣した日の日記に木戸は次のように記している。

「山口知事公（元徳）には五六藩中に在て斉しく平伏拝聴、実に我海岳も不及高恩を蒙りし君也、感情塞胸、不知下涕涙」

廃藩置県のようなクーデターあるいは第二の革命がこれほど短期間（いわゆる「書生論」が生まれたのが七月上旬、詔書の宣下が七月一四日）に達成できたのは、西郷や木戸の見識や能力以上に、当時の多くの日本人に共通していた危機意識によるところが大きいのであろう。いずれにせよ、これによって、近代日本の幕が切って落とされ、日清、日露戦争を経て、日本の近代化・産業化は大きく進展していくことになる。

近代化・産業化の完成

高度成長の基礎がしかれはじめた一九五五（昭和三十）年、日本の総人口は九〇〇〇万人弱、総就業者は四〇〇〇万人強だったが、まだ農業を主とする第一次産業従事者は一五〇〇万人強と、第二次産業従事者一〇〇〇万人弱を大きく上回っていた。残りの第三次産業の卸・小売及びサービス業のかなり部分が自営業主とその家族であったことを考えると、この時期、日本はまだまだ農業社会の要素を色濃く残していた。事実、この時期の農村の風景、あるいは、農業の構造は明治の初期と基本的には大きく変っていなかったといわれている。農村一帯に拡がる水田、牛や馬、鋤や鍬を使った耕作風景はたしかに明治以来それ程大きく変化していなかった。明治維新のとき三五〇〇万人だった人口は九〇〇〇〇万人弱へと大きく増加していたが、農業就業者の数はほぼ一五〇〇万人前後とこの間余り変化していなかったのである。綿業から鉄鋼・重工業と日本の製造業は大きく展開していたが、それは、就業者の増加数の枠内で消化され、江戸時代からの自立性の高い村落共同体は、そこそこそのままの形で維持されてきたのである。

戦後の高度成長（一九五五〜七〇年）は、この村落共同体にも大きな構造変化をもたらし、日本の近代化、工業化を完成していくことになる。そして、いわゆる日本型資本主義システムもこの時期、最終的に一つの制度として形づくられていく。

日本経済の高度成長については様々な分析がなされており、ここでそれを網羅的にレビューするつもりはないが、一つ指摘しておきたいのは、一九三〇〜四〇年代から展開され、戦後改革によって磨き上げられていった日本型資本主義がここで大きく花開いたと考えることができる点である。それは、「強制された自由貿易体制」のなかででき上がっていった大正から昭和にかけての古典的資本主義とは大きく異なったシステムだったが、第一次大戦から一九七〇年代の世界のネイション・ステートを軸とする制御された資本主義体制とは整合的なものであったとはいえよう。

このシステムを立花隆[1]や野口悠紀雄[2]は「一九四〇年体制」と呼んでいる。

立花によれば、一九四〇年体制とは、「資本家が自由にかつ恣意的に活動することを許す古典的な私的利益追求の資本主義」ではなく、「経済活動は、公共の利益に反さないかぎりにおいて自由が許される」という「国家社会主義的（公益追求主義的）な資本主義」である。この国家社会主義的資本主義は一九四〇年前後に淵源をもち、戦後も、戦後改革にもかかわらず継続し、現在にいたっているというのである。たしかに、この立花・野口の一九四〇年体制論は一面の真実を含んでおり、実は、筆者も二十数年前に野口悠紀雄と共同で、一九四〇年体制がいかに戦後に継続していったかという論文(3)を書いている。

しかし、この立花・野口流の一九四〇年体制論には、一九五五年以降の自民党の一党支配のプロセスで、この「国家社会主義的」資本主義がどう変質していったかの分析が決定的に欠如している。たしかに、戦前と戦後の制度、あるいは、システムは、それまでの通説とは逆に強い継続性をもっていた。占領軍の手によって行われた農地改革や財閥解体は、一九三〇〜四〇年代の革新官僚達が望んだ「国家社会主義的」改革であったし、又、吉田茂による池田勇人や佐藤栄作等官僚達の政権中枢部への抜擢は、戦前に比べても官僚達の権力を増大させることになる。

しかし、一九五五年以降の日本の政治・行政システムを、吉田体制の上に展開し、その制度を実質的につくっていったのは、田中角栄とその後継者達であり、これは一言でいえば、国家社会主義的資本主義の大衆民主主義化とでもいえるものである。前述したように、一九五五年から七〇年代へのいわゆる高度成長のプロセスは、日本の近代化・産業化の最後の仕上げであり、国家「社会主義」から大衆民主主義的「社会主義」への転換の時期でもあったということができる。これは、明治維新以来の近代化・産業化が一九四〇年代からの国家社会主義化を経て、大衆民主主義的社会主義、あるいは日本資本主義に収斂したことを意味している。立花・野口流にいえば、この日本型資本主義を、一九四〇年＝五五年体制と呼ぶことも出来るであろう。

そして、今、我々が直面しているのは、急速な技術革新とグローバリゼーションの強い流れの中で、日本型資本主義が時代遅れのものとなり、一九四〇年＝五五年体制を大きく改革しなければならないという状況である。いわゆる構造改革、あるいは、制度改革が、喫緊の政治課題として浮上してきている所以である。

この構造改革・制度改革を歴史的パースペクティブで分析すればすぐ解ることだが、これは、日本型近代から、日本型超近代への変革の模索でもある。明治維新以来の近代化・産業化に成功した日本が、どのような、ポスト・モダンなシステムをつくっていくのか、あるいは、西欧中心の近代が新しいグローバリゼーションの流れのなかで、どのように変わっていくのか、我々は、いわば、未知の世界に一歩ずつ足を踏み込んでいっているのでもあろう。

廃県置藩の思想

グローバリゼーションというコンセプトは、しばしば、アメリカの一極支配、あるいは、一つのイデオロギーやパラダイムが世界をおおいつくすことだと理解されている。しかし、現在進行しているネットワーク型のグローバリゼーションは、必ずしもこうした一極支配に向かっているのではなく、より多極的な、ローカルな拡がりを見せてきている。ヨーロッパの統合、アジアの再生、あるいは様々なＮＧＯの抬頭などをとってみても、むしろ、ローカルな価値観やパラダイムがネットワーク型に拡がっているのであって、一つのイデオロギーが世界を支配しつつあるという構図からは大きく乖離している。

グローバリゼーションの時代、それは、他方でローカルな価値観、地に根をはった固有の歴史や文化がグローバルなネットワークのなかで花開く時代でもある。ヨーロッパ統合のイデオローグの一人でもあるジャック・アタリは、グローバリゼーションのなかの多様性がヨーロッパの求める第三の道であると説く[4]。

同じように、日本も、又、このグローバリゼーションの流れのなかで、新しい、日本型のポスト・モダン・システムを模索していかなくてはならない。ヨーロッパと同じような、アジアの統合・アジアの地域協力への道も、日本がさぐっていかなくてはならない一つの方向ではあろう。しかし、その前に日本がしなくてはならないこと、それは、明治維新以来の、中央集権的モダニズムから、本来の日本へ、あるいは、日本の歴史・文化の根源に回帰することではないだろうか。明治維新はレストレーション（回帰）のスローガンのもとに江戸システムの近代化をめざし、中央集権国家の確立をいそいだ。日本型近代化がほぼ完成した今、我々がめざすもの、それは、おそらく、江戸時代へのレストレーション（回帰）なのかもしれない。もちろん、すべてを、江戸時代へもどせという訳ではない。しかし、日本の歴史、あるいは文化という側面からみれば、明治以来の近代化・産業化は長い道草であったということも出来るのだろう。植民地化をまぬがれるための緊急避難としての近代化・産業化という要素はたしかに存在した。

もちろん、近代化も産業化も自家薬籠中のものにした上のことだが、そろそろ日本に回帰し、もう一度、歴史と文化を語ることが必要なのではないだろうか。筆者は、偏狭なナショナリズムを最も嫌う人間の一人である。しかし、ネットワーク型のグローバリゼーションを受け入れた上での日本回帰、それは、政治行政的には、世界に開かれた地方への権力の移行によって可能になるのではないだろうか。

野村・鳥尾流にいえば、今必要なのは「廃県置藩」の思想によって、中央集権システムを解き、地方を活性化し、かつ、地方を世界に開くことではないだろうか。東京をハブとして近代化、国際化をめざした時代から、多数の地方都市のネットワークのなかで日本が大きく展開する時代に入ってきたのであろう。中国でも、様々な地域が、中核都市を軸に一つのクラスターとして大きく成長してきている。日本でも、東京や大阪だけでなく、様々な地域が、海外とも連係して、産業・技術クラスターとして伸びられる可能性が充分あるのではないだろうか。

しかし、そのためには、明治以来の近代化システムの構造改革・制度改革がまず必要なのである。「廃県置藩」こそが、実は、構造改革政策の基本に据えられなくてはならない命題であるのは、このためである。

「廃県置藩」による日本回帰、地方の活性化は、又、日本の政治・行政がかかえるにいたった様々な腐敗・停滞を解く鍵にもなってくるであろう。今までの地方分権論は、国の行政の基本的構造、つまり、近代日本のインフラストラクチャーをほぼそのまま維持した上で、権限をどう部分的に移譲するかとか、課税権を原則として地方に移転すべき等という抽象論にとどまっていた。しかし、ここで論じている「廃県置藩」構想においては、国の行政の現業的部門を原則としては地方に移転し、中央政府が行うものは、外交・軍事・環境・科学技術・金融・財政調整などに限ること等が主題となるべきであろう。つまり、中央政府は、江戸時代の幕府的役割を担うにとどめ、行政の過半は地方が直接行うこととする訳だ。こういうシステムのもとでは、いわゆる族議員の活躍する場面も極めて限定されるし、中央と地方を繋ぐエイジェントとしての政治家の役割も大きく変らざるをえない。中央の政治家は「国益」を考えざるをえなくなり、明治以来、日本政治の中心的命題であった「地方利益論」も変更せざるをえなくなろう。

又、この「廃県置藩」政策は、中央官庁の半分程度を不用にする。文部科学省、国土交通省、農林水産省、厚生労働省等は、基本的にはその業務を地方に移譲し、残った調整機能は、例えば、総務省等で扱えばよいことになる。これは、いわば、窮極の行政改革である。もちろん、このためには、日本の教育行政・公共事業政策・年金・医療システム等、国家の基本的インフラストラクチャーを抜本的に変更しなくてはならない。「廃県置藩」が、明治四年の廃藩置県のように革命的構造改革である所以である。

もちろん、明治初期ならぬ平成年間で、かつてのような電光石火のクーデターを実行することは不可能である。今回は地方からのイニシャティブで、選挙を通じて大変革をしていかなくてはならない。大変な作業である。しかし、地方から日本を変えていこうとする試みは、知事のレベルでも、NGOのレベルでも、今や、澎湃として起りつつあるようでもある。

「廃県置藩」の思想が、ネットワーク的に全国に拡がり、大きな政治的流れになっていくのは時間の問題のようにも思われる。日本への回帰の流れが、大河となり、グローバルな世界のなかで、日本が再生する日がそう遠くないのかも知れないと考えるのは、筆者が生来、楽観的だからばかりともいえないのではないだろうか。

（1）立花隆「現代史が証明する『小泉純一郎の敗退』」、『現代』二〇〇二年三月号。
（2）野口悠紀雄『一九四〇年体制』東洋経済新報社、一九九五年。
（3）榊原英資・野口悠紀雄「大蔵省・日銀王朝の分析」、『中央公論』一九七七年八月号。
（4）ジャック・アタリ、磯村尚徳監訳『ヨーロッパ未来の選択』原書房、一九九五年。

姜尚中

「アジアの日本」への道

日本のグランドデザインを考える座談は、微妙な鞘当の緊張感もあり、わたしにとってはスリリングなひとときであった。榊原氏や川勝氏の骨太な論議と部分的に重なるところがあったが、決定的にすれ違っていたのは、グランドデザインを構想する「遠近法《パースペクティヴ》」の視点をどこに定めたらいいのか、ということであったと思う。つまり、あくまでも日本という国家を中心にしてその国家戦略の視点から東北アジアさらにはアジア・太平洋地域をみていくパースペクティブをとるのか、それともむしろ日本をいったんは「逆遠近法」的に眺めつつ、そこからみえてくる新たな地政学的空間をより大胆に前景に浮かび上がらせるのか、その違いである。

「逆遠近法」とは、この場合、日本をはじめとする大国を前景に置き、その遠い背後に中小の国や地域を配した地図をあべこべに逆立ちさせてみる地図作成法を指していると言ったらいいだろう。この新しい地図作成法につながる「逆遠近法」的な視点からすれば、米国や中国は遠景にかすみ、逆に日本や朝鮮半島、台湾、東南アジア諸国が前景に浮かび上がってくるのではないだろうか。

もちろん、こうした逆転が可能となるには、「大国意識」を棄てて、日本を「中位国家」と見定め、その視点から地域と世界の地図を描きなおしてみる作業が前提になければならない。そこから、「日本のアジア」という「大国・日本」を前景においた東北アジアの姿ではなく、逆に「アジアの日本」という新しい地図が出来上がるのではないか。

米国との「二国間症候群」を清算して、アジア・太平洋地域におけるトランス・ナショナルな秩序構築のなかで日本の将来のグランドデザインを模索しようとしている点でわたしと、榊原氏、川勝氏との間の径庭はほとんどないようにみえる。しかし、「日本のアジア」のなかに日本国家の未来を託すのか、それとも「アジアの日本」という回路を通じて日本の新たな活路を見出すのか、その違いは決定的であるように思えてならない。

振り返ってみれば、戦後の日本とは、乱暴に言えば、「アメリカの日本」であった。つまり、アメリカの占領による「国家改造」を通じて、自らが「アメリカ」化し、「アメリカの日本」になることを目指した歴史だったのである。そしてその戦後史には「日本の日本」を欲望するナショナリズムが地下水脈のように流れていた。この意味で「アメリカの日本」と「日本の日本」は、対立しながらも「長い戦後」という歴史のコインの表裏をなしていたのである。

だが、その場合、アジアは、どこにもまともな位置を与えられてはこなかった。少なくとも、「アメリカの日本」と「日本の日本」の織りなす戦後の歴史のなかでは、アジア（および太平洋地域）は、「消失」してしまっていたのだ。それは、歴史的にたどれば、先の戦争が、軍国日本の公式見解によると「アジア解放」の「聖戦」と謳われ、大アジア主義的な秩序構想が対米戦争のレーゾンデートルになっていたからである。

完膚なき敗戦と米国による戦後改革を強いられ、さらにそれを主体的に血肉化することに努力してきた日本国民にとって、アジアを語ることは思い出したくもない「亡霊」を呼び寄せるのにも等しかった。この意味でこれまた粗略な喩えかもしれないが、「アメリカ」という「ゴーストライター」による憲法を「護符」として、戦後の日本は、「アジア」を事実上「ゴースト」化してきたとも言えるだろう。

しかしその「アジア」は、経済的にも日本を追い上げる存在にまで成長し、とくに中国は日本を上回るほどの地域大国として浮上しつつあり、また朝鮮半島にも統一をにらんだ新たな動きが胎動しようとしている。さらに比較的日本と良好な関係にある東南アジア諸国は、地域的な不安定要因を抱えつつ、ASEANとして、さらに地域フォーラムとしても、繁栄と安定の緩やかな連合を形作りつつある。

冷戦崩壊後、かつての「ジャパン・アズ・ナンバーワン」という言葉も色褪せるほど経済的な低迷の続く日本には、内政と外交、安全保障の多岐にわたって深刻な問題が押し寄せ、国力の衰亡という悲観的な見通しすら語られるようになっている。

そうしたなか、国家戦略の練り直しを計り、上からの「国家改造」によって「強力な」国家像を作り上げようとする期待が膨らもうとしているのである。その背景にあるのは、依然として「大国・日本」という意識である。この国家意識をベースにする限り、覇権的秩序への参画、あるいはその中心メンバーとしてパワー・ゲームを展開できるプレーヤーとしての資格をキープしたいという発想から逃れることはできないはずである。

だが、そうした覇権的秩序への「キャッチ・アップ」あるいは「成り上がり」こそ、明治以来の近代日本を世界的な強国へと押し上げると同時にその破綻をもたらした決定的な因子であった。敗戦は、それへの根本的な反省を徹底化する千載一遇の好機だったのだが、戦勝国「アメリカ」への「寄生《パラサイト》」は、十九世紀から二十世紀前半の日本には想像も出来なかったような経済的成功と富国化をもたらし、結果として戦前とは形を変えた「成り上がり」のサクセスストーリーが実現したのである。

だが、昭和の終わりと重なり合った冷戦崩壊後の日本の構造的な行き詰まりが、第一次世界大戦後の、昭和とともにはじまった、国家を「管制高地」(Commanding Height)とする「日本型システム」の破綻に起因しているとすれば、現在の日本の苦境は、敗戦を乗り越えて存続してきた社会・経済・政治システムの終焉を意味しており、その意味で、敗戦ほどの衝撃的な印象はないにしても、その変化は、ある意味で敗戦以上に深刻なのかもしれない。戦後のサクセスストーリーは、実際には、そのような「日本型システム」が「アメリカ」の占領政策によって温存、強化され、それが冷戦という世界史的な与件のなかで花開いた半世紀だったのである。それは、占領軍と「ジャパニーズ」を結びつけて言えば、「スキャッパニーズ・モデル」と言えるが、今やそれは明らかに解体しつつある。

その自壊作用のなかから、何が新たに誕生しようとしているのか、それは今後の推移をみなければならないが、肝心な点は、常に覇権的な秩序への「キャッチ・アップ」を目指す国家のあり方を反省的にとらえ返し、国家の「操舵」を変えることである。

それではどんな方向に向かってか。それこそ、国民的な論議を通じて民主的な合意のもとに形成されるべき日本のグランドデザインである。その根幹には、日本が「大国意識」を棄て、むしろ「中位国家」として東北アジアをはじめとするアジア・太平洋地域でどんな独自の役割を果たせるのか、それと連動してどういった国内秩序の再編が必要なのか、といった発想がなければならないだろう。それは、将来東北アジアに展開されるに違いない米中の二大超大国による覇権競争のゲームに参加し、米中日の三極構造の一角を占めようとするのではなく、むしろ逆に非覇権的な「中位国家」として同じような立場にある「中小国家」との積極的な連携を図りつつ、東北アジアに多極分散型の安全保障体制と繁栄のネットワークを築く「先導」的な国家になることである。もしこの方向に国家を「操舵」するならば、朝鮮半島とＡＳＥＡＮは、日本にとって決定的に重要なパートナーとして浮上してくるはずだ。日米同盟に「寄生」しつつ、それによって中国を牽制し、日本の大国的な地位を確保しようとする限り、対北朝鮮（朝鮮民主主義人民共和国）政策をめぐって日本と韓国とのミゾは埋められないであろうし、日韓のパートナーシップによる東北アジアの多極的な安全保障の構築は、その土台から崩れてしまうことになるだろう。

また日本が覇権的な秩序の一角を占めることに固執する限り、ＡＳＥＡＮやその地域的安全保障のフォーラムを東北アジアとリンケージしていくような媒介者の役割を果たすことは不可能であろう。

確かに日本は現在でも「経済大国」であることには変わりはない。しかし、その長い歴史のなかで日本が覇権的な「大国」となったのは、明治以降の近代日本の歴史を例外として一度としてなかったと言える。日本という国家は、近代国家成立以前から、政治的・軍事的には「周辺」もしくは「中位国家」の位置にあったのであり、朝鮮半島との関係を別にすれば、対外的な膨張を志向することもなかったと言える。

日本のあるべきグランドデザインを考えるとき、わたしは明治以来の、とくに第一次大戦以後の、「大国」への「成り上がり」の上昇運動を断ち切り、国民が経済的に豊かであることがただちに「経済大国」と同じではないような、豊かさの新しい社会経済システムを設計すべきであると思うし、それにふさわしい国際的な独自の役割が日本にはあると確信している。その役割とは、一度は自らのサイズを「逆遠近法」的に眺め直し、そこからより前景に浮かび上がってくるに違いない中小国家や地域との連携を強化し、東南アジアと東北アジアをつなげる多極分散型の秩序形成に向けた媒介者の役割を果たすことである。それこそ、「日本のアジア」ではなく、「アジアの日本」の道なのである。そのためにはやはり何よりも日米関係をどのように再定位し、近隣アジア諸国とどんな関係を築きえるかがカギになるはずだ。夜郎自大的な「自民族中心史観」で束の間の溜飲を下げている余裕はないのである。

川勝平太

美の文明への序章

洋学から地域学へ

座談会において、私の提示した日本のグランドデザインは、不十分なものであったが、整理すれば、次のようにまとめられる。

対外的には、東西の連衡策として「シルクロード外交」を、南北の合縦策として「西太平洋津々浦々連合」を推進すべし、という主張である。先の大戦で敗戦したために、日本政府（特に外務省）は、戦勝国アメリカの意向を無視できないという余儀ない事情があったとはいえ、戦後一貫してアメリカの顔色をうかがって事を進めてきた。対米追随は、習い性となり、いまや抜き難い体質となっている。そこから抜け出すことが課題である。外務省の自己変革が何よりも必要であるが、外務省の身に染み付いた先例主義を覆すのは大変な作業である。大事なことは外交が外務省の専管事項だという思い込みから自由になることだろう。対外関係には公式、非公式のさまざまなレベルがある。地方自治体レベル、民間企業レベル、NGOなどのボランティア活動など、草の根外交なり民間外交などといわれるように、国民各層が参加できるのである。草の根・民間外交にとって望ましいのは外国人との交流が楽しく充実感わもたらすことだろう。シルクロードには、多くの日本人がロマンをいだき、西太平洋の島々は、その美しい珊瑚礁によって、訪れた者に感動を与え海洋的環境の大切さを無言で教えてくれる。実際、南太平洋への最大の観光客は日本人である。観光がきっかけになって、島の魅力にとりつかれる人々が増えている。シルクロードにしろ西太平洋にしろ弱小国が多い。まだ独立していない地域もあるほどだ。だが、人々が親日的であることにおいて共通している。既存の外交路線である大国重視路線を反省し、少数の強大国のみならず、多数の弱小国との交流を重点的に深めれば友好国が増える。それによって日本の国際社会におけるプレゼンスは確実にあがる。

対内的には、日本の国の形を明治維新以来の一極一軸型から新たに多軸多極型に変えるべし、という主張である。日本の発展は袋小路に入り込んでいる。しかし日本の経済規模は巨大である。一口に日本のＧＤＰが五百兆円というが、それはフランス二国分、カナダ二国分の経済規模である。図体が大きい。いや、大きすぎて、にっちもさっちもいかないのが現状であろう。中央政府組織は制度疲労を起こしており、地方分権は必然の勢いである。だが、分権して国力が弱体化するようでは意味がない。そこで、フランスなみの経済規模をもつ地域圏を二つ（「海の日本」〔九州・中国・四国・近畿〕と「山の日本」〔北陸・東海・中部〕）、カナダなみの経済規模をもつ地域圏を二つ（「平野の日本」〔関東〕と「森の日本」〔東北・北海道〕）、計四つの「国」からなる地域連合国家を構想してはどうか、と提案したい。日本版のコモンウェルスの形成である。課税権を含めて、中央政府の権限の大半を四つの「国」に委譲し、首都機能を東京から新天地に移す。新しい首都には日本全体の主権にかかわる安全保障、調整機能など、必要最小限の権限を残す。首都がその機能を発揮するのに必要な費用は、四つの「国」からそれぞれの国力に応じて「首都政府への交付税（中央交付税）」として差し出す、というように現行のシステム（地方交付税制度）を逆転させるのである。

さて、座談会では、現行の教育について厳しい批判があった。以下では、その主題に関連して学問のパラダイム・シフトについて補足しておきたい。というのも、新しい国づくりには、新しい知の体系がいると考えるからである。

奈良時代以降は外来の「仏教」をもとに鎮護国家の形成が進められた。江戸時代は外来の「儒学」特に朱子学に裏づけられた国づくりが進められた。明治以降は外来の「洋学」をもとにした国づくりが進められてきた。しかし、もはや洋学を一辺倒に受容する時代ではないのである。洋学は日本社会に「土着化」し始めている。分権化を推進して地域連合からなる日本をつくりあげるには、それに応じた知の体系（地域学）を構築しなければならない。学問を外から取り入れるということにもまして、学問を内発的におこす時代だということである。

地域学の勃興

二十世紀末頃から各地に「江戸・東京学」「大阪学」「薩摩学」「沖縄学」「東北学」「山形学」「金沢学」「日本海学」などのように、地域の名に「学」をつけた地域学がさかんになり、その数は増えている。これは分権の流れと無縁ではない。東京に習えという姿勢のときには、学問は東京から運ばれてきた。その東京には外国から学問が運ばれてきていた。内発的学問ではなかったのである。それに対し、自らの足下を見直し、自らの環境の中から学ぶという姿勢への転換が地域学にはある。地域学の対象は国内の地域にとどまらない。東南アジア学、アフリカ学、オセアニア学などのように、世界各地の地名を冠した地域学がある。たとえば、日本における東南アジア地域の研究の進展はいちじるしい。『講座・東南アジア学』全一一巻、『東南アジア学入門』（ともに弘文堂）、『岩波講座・東南アジア史』全九巻（岩波書店）などを見れば、その水準の高さを知ることができる。これらの成果は欧米の学問の受容というより、フィールドワーク（現地調査）から作り上げられてきた。象牙の塔の学問ではない。自前のものである。地域に立脚するというのが地域学である。地域学への道は、東南アジア地域研究のように「〇〇地域研究」という体裁をとって始まり、さまざまな成果が生み出され、全貌が見えてくると、体系化がはかられて、「〇〇研究」といわれていた名称が「〇〇学」に昇格するという道筋を通っている。

地域学は新しい学問である。それは従来の洋学の学問体系の組み換えをともなうはずだ。地域には、その地形・地層、気候風土、生活、言葉、伝統、産業、習慣、歴史など、洋学の体系をなしている自然科学・社会科学・人文科学のすべての領域が関係する。地域研究は総合的にならざるをえない。いわばマンダラ的である。マンダラとは全体図のことである。より正確にいえば、マンダラは研究主体の世界観と、その世界観が具象化された世界像とからなる。そのようにいえば、とらえどころのないようにも見えるが、たとえば日本海学といえば、だれしも日本海、対馬海流、港、北前船、日本海を取り囲む沿岸の日本の町やアジア大陸の諸国等々、具体的なイメージをすぐに脳裏に浮かべるであろう。そのイメージに即して具体的にして体系的な日本海学が構築されていく。地域学は、地域名が冠せられれと、研究者のイメージに即して全体像がくっきりとイメージされ、それを具象化していく作業になる。その意味で主観的・客観的な全体図がマンダラである。地域学の目指すのは主体のイメージに応じた全体像であり、イメージが規範的ならばそれを実現する運動となり実践的になる。地域はマンダラ的な全体性をもつ。それをイメージする研究主体も全一的な存在である。地域学の方法論の確立はこれからの課題である。だが、それは研究主体と研究対象とが一体になった新しい全体論になることは疑いない。方法論としては、さしあたって、鶴見和子氏が『鶴見和子曼荼羅』第九巻（環の巻）、『南方熊楠・萃点の思想』（ともに藤原書店）などで内発的発展論の方法として提唱しているマンダラ的接近法が示唆的である。

「地域とは何か」という根本的な問いに対しても、まだ共通理解があるわけではない。まず、「地域」と「地方」とは区別されなければならない。地方には中央が対応する。中央対地方という二分法を克服するために「地域」というのである。地域に対応するのはどこまでも地域である。地域は地球のある部分を限定した時空間である。向こう三軒両隣りの小さな地域単位から、東アジア地域、海洋地域、大陸地域、温帯地域、先進地域、低開発地域などのような大きな地域単位までである。

つぎに、はっきりしているのは、どのような地域単位をとるにせよ、地球よりは小さい、ということだ。地球という時空を何らかの基準（気候、地理、宗教、政治体制、経済体制、生活様式等々）で区切った時空が地域になる。地域は地球の一部である。地域と地球との関係は部分と全体との関係だ。中央対地方のような二項対立的な関係ではない。地域の中に地球が入りこんでおり、地球の中に地域がある。両者は多即一、一即多の関係にある。地域学は閉鎖的ではない。地球に開かれている。その点からすれば、地域学は正確には地球・地域学というべきだろう。「グローバル（地球的）な視野で考え、ローカル（地域的）に行動する」という言葉が頻繁に聞かれるようになり、グローバルとローカルを合成した「グローカル（Glocal）」という新語も生まれ、英語の辞書にも掲載されるまでになっている。地球・地域学はまさにグローカルな学問であり、英語で造語するならグローカロジー（Glocalogy）である。

グローカロジーは地球（グローブ）という全体をにらんだ、地についたローカルな学問である。それは、旧来のお国自慢的、排他的な「郷土学」と共通する面もないではないが、他の地域との比較や関係を通して地球が視野に入っている。『地球学』（ウェッジ）、『地球日本史』（扶桑社）などの書物が出現しているのは地域学の勃興と軌を一にしている。それは偶然ではない。全体なくして部分なく、部分なくして全体はない。

グローカロジーの出現は、思うに、洋学の受容の時代の終わりを告げている。正確には、洋学の土着化の始まりといってよいだろう。福沢諭吉が『学問のすすめ』を書き、日本に学制が敷かれて以来、日本でおこなわれてきたのは欧米でつくりあげられた知の体系を吸収することであった。欧米地域だけを学ぶということが主流であった学問が終焉し、日本各地の身の丈に応じた学問を立てる時代になったのである。欧米の知の体系と欧米の社会システムとは切っても切れない。欧米ではみずからの知識にもとづいて技術をつくり、法律を整備し、経済制度を構築し、社会をつくりあげてきた。日本人はそのような欧米の社会システムと、そのもとになっている知の体系をともに吸収しようとしてきた。東京は欧米学の「変電所」の役割をになった。東京以外の日本のほぼすべての地域が、東京から洋学の配電（教員・教科書等々）を受けた。それにたいする反発もあった。京都には戦前から「京都学派」というのがある。京都は古代、中世には東洋（特に中国）文明の変電所だった地域だけに、西洋文明の変電所の東京なにするものぞ、という対抗意識が強烈にある。西洋文明の変電所である東京に、京都は東洋文明を土着化させ自家薬籠中のものにした場の力がある。それは地域力といってもよい。京都学派は西洋文明を拒否したのではない。東京のようにそれを丸写し、鵜呑みにしなかっただけである。西洋文明を媒介にして京都の地域力が内発的に展開する中から、独自の今西学派のような学問が生まれた。このような場の力、地域力の発揮が、地域の内発的発展を促進するかたちで地域学として日本各地でおこっているのである。

日本人が長い間、欧米以外の地域や、その地域の知の体系に関心がほとんどなかったように、欧米の人たちにとって、アジアは関心外にあった。欧米から舶来した社会科学にはアジアは軽視されるか、切り捨てられていた。日本におけるアジア発見は福沢諭吉の「脱亜論」における中国・朝鮮の発見、岡倉天心「東洋の理想」におけるインドの発見、大川周明「回教概論」におけるイスラーム世界発見、梅棹忠夫「文明の生態史観」におけるユーラシア乾燥地帯の発見などの百年の展開のなかで広がりと深まりを見せてきたが、欧米でも西洋中心史観への反省にアジアの（再）発見が一役買っている。A・G・フランク『リオリエント』（山下訳、藤原書店）が注目されたのはフランクがオリエント（アジア）を（再）発見したからである。

グローカロジーの観点からいえば、欧米学も地域学の一つである。近代の日本人は欧米のような国になりたいから、欧米の知の体系を吸収した。欧米のことを知るには、欧米の知の体系を学ぶしかなかった。それは欧米のような国をつくるための実践の学問（実学）であった。しかし、欧米なみの国になったからには、欧米学はいまや欧米認識のための地域学の一つであり、他の地域学であるオセアニア学、東南アジア学、イスラーム学などにまさるものではない。今日ではアジアとの関係が深まり、従来のような中国だけを学ぶ「東洋学（ないしシナ学）」では間にあわない。東アジアはもとより、東南アジア・太平洋との関わりは、欧米との関わりにも増して重要になっている。東南アジア学、オセアニア学などが生まれるゆえんである。

日本の青年の二人に一人が大学に進学するようになり、現在ではそれを教える大学教員すなわち研究者の数が一五万人にものぼることが示しているように、日本の知的水準はきわめて高い。しかも日本人が日本語ですべての科目を教えているのである。これはお雇い外国人による外国語での授業から始まった明治時代から見れば隔世の感がある。西洋の知の体系はほぼいれきったといってよい。受容段階から発信の段階になった。欧米諸国からも日本が学ばれる段階に入っている。それは日本文学、日本歴史などの日本研究にとどまらず、日本における自然科学、社会科学、人文科学などが、欧米諸国のそれと比べて遜色のないレベルに達しており、日本の知一般が学ばれる対象になっている。外国人と日本人との共同研究、外国から日本への留学が増えてきた。日本が学ばれる国になったのは、二千年の日本の歴史上、近々百年のことである。海外からの研究者・学生の日々の生活に根ざした地域における個別の留学先での体験を通して日本が学ばれている。日本は学ぶ立場から学ばれる立場になっている。自己を知るために地域に根ざした地域学が生まれてくるのはそうした潮流のしからしむるところである。

少し飛躍していえば、地域学においては、教科書が全国一律であるのは矛盾する。自らの地域を基礎に、他地域を学んだり、日本の中に占める位置、アジアの中に占める位置、地球の中に占める位置を学ぶ。それが地球・地域学である。それゆえ地球・地域学の興隆は、いずれ全国一律の教科書を不要にするだろう。検定不要の時代がくるだろう。現行のような文部科学省は無用になるだろう。そして地球・地域学は異なる地域からなる連邦国家への日本の新しい国づくりの知的基礎を提供するだろう。この潮流の基礎にあるのは、学問は、学習することが目的なのではなく、自ら学問を立てるという姿勢である。地域の自立は学問の自立に基礎づけられねばならない。学問の自立とは学問をする人間の自立である。一身の独立にはみずから学問しなければならない。かつては柳田国男のようなエリート教育を受けた人、あるいは南方熊楠のような自学自習の天才によらねばならなかった。いまや市井からそういう日本人が現れてきている。

自立した学問の時代

昨年、畠山重篤氏と意見を交わし、また別の折に安藤忠雄氏とも意見を交換する機会をもった。畠山氏は秋田県気仙沼でカキの養殖を本業とする漁師であり、仲間の漁民とともに大漁旗をかかげて山に登り、植林運動を展開している人だ。氏の思想は『森は海の恋人』（北斗出版）で広く知られるようになった。安藤氏は改めていうまでもなく国際的に知られる建築家である。畠山氏の立てた学問は多くの小学校で教えられており、安藤氏の立てた学問は大学で学ばれている。両氏の学問に耳を傾けながら、明治五年の学制発布で始まった洋学導入の時代がようやくここにきて終末に近づいたという感を深くした。

現代日本の義務教育で教えられている学科の淵源は明治維新にさかのぼる。近代日本の教育史については多くの文献があるが、最近では毛利敏彦氏（大阪市立大学名誉教授）が「近代日本国家文教体制における西洋学立脚原則の選択」（『法学雑誌』第四八巻第一号、二〇〇一年八月）という長い題の論文で、日本が西洋学を公式に教育に導入した経緯を詳しく説明している。毛利氏は西郷隆盛が征韓論者でなかったことを論じた『明治六年の政変』（中公新書）の著者として知られる明治維新期日本の専門家であるが、今度の論文で、毛利氏は、司法卿、佐賀の乱と結び付いた江藤新平が、意外にも、洋学を日本が正式に導入するにあたっての立て役者であったことを明らかにしている。

明治維新後の日本人の教育をどのような内容にするかについては、新政府内で激論があった。明治維新は王政復古であったから国学を柱にしてもおかしくはない。また、当時の知識の中心は四書五経であり漢学であった。だれもが教養としてもっている漢学を教育の柱にすえてもおかしくはない。さらに、西洋列強と伍していくには西洋知識を吸収するのは不可欠であるとの認識も共有されていたから洋学を柱にしてもおかしくはない。日本でいくのか（国学）、中国でいくのか（漢学）、西洋でいくのか（洋学）、それは新国家建設にあたって、国民の目をどの国・地域に向けさせるのかという争いであった。

一八七一年九月二日から十二日のわずか一〇日間ながら、江藤新平が文部行政の最高責任者の地位についた。その権限において、江藤新平は教育は「西洋の丸写しにして施行」の大原則をたて、外国から専門家を招き、お雇い外国人のもとで日本の学生を学ばせ、専門書の翻訳をすすめ、翻訳書をもとに教科書をつくり、大中小の学校を設立して洋学を教えるという方針をたてた。この原則と方針にもとづき、洋学派で要職を固める文教人事を断行し、一年後の学制公布に備えた。漢学、国学を明確にしりぞけたのだ。江藤の「西洋の丸写し」原則が近代日本の文教政策の出発点にある。

その方針に棹さしたのが江藤の文部行政担当期と学制公布の間に第一編が出た福沢諭吉『学問のすすめ』（明治五年二月）である。福沢は「古来世間の儒者和学者などの申すやうさまであがめ貴むべきものにあらず。古来漢学者に世帯持の上手なる者少なく、和歌をよくして商売に巧者なる町人も稀なり。これがために心ある町人百姓は、その子の学問に出精するを見て、やがて身代を持ち崩すならんとて親心に心配する者あり。無理からぬことなり」と論じて、漢学・国学を退け、洋学を柱にした実学を勧めた。『学問のすすめ』はベストセラーになり、学制公布を成功に導いたのである。

国の学問・教育の根本を何に定めるかは決定的に重要だ。中世にあっては仏教が学ばれて国のたたずまいは仏教風になり、近世にあっては朱子学・儒学風を吹かせる国のたたずまいになった。近代日本は洋学を採用した結果、洋学の本場であるヨーロッパのような国のたたずまいをめざした。洋学に応じた国づくりとは富国強兵である。

学問は、一見、普遍的な装いをもっているが、それを生みだした土地柄と深く結びついている。たとえば、経済学は社会科学の王者であり世界中で学ばれているが、「経済学の父」といわれるアダム・スミス『国富論』に書かれているのは、イギリスを重商主義国から工業主義国に変えるための処方箋である。イギリスという国のための書物なのだ。『国富論』の体系に即した国づくりがイギリスに産業革命をもたらした。それを他の国が真似たがった。真似るにはアダム・スミスの『国富論』を読まねばならない。結果的にはイギリス流の工業国家がめざされたわけだ。日本でも「日本のアダム・スミス」と言われた田口卯吉が『東京経済雑誌』で論陣をはり、イギリス流の国づくりを鼓吹した。洋学を採用したことと、西洋文明をめざしたこととは相即不離の関係にある。

しかし、西洋文物の丸写しから始まったキャッチアップは終わった。もはや学校で教わる検定教科書に新鮮味はない。洋学受容の時代が終わったよいうことは、いうまでもないが、洋学を拒否することではない。洋学を消化して、学問を発信することが時代の要請になっているということなのだ。

畠山重篤氏と安藤忠雄氏は大学に進学していない。義務教育で洋学の基礎だけ授けられたあとは、独学の人だ。畠山氏の『森は海の恋人』は何をなぜどのように学んだかの知的体験の自伝だ。昭和四十年代にカキがとれなくなった原因を探っていくうちに、広葉樹の腐葉土をくぐりぬけた水に含まれるフルボ酸鉄が河口で植物プランクトンの餌になり、植物プランクトンを動物プランクトンが食べ、動物プランクトンを魚が食べる。こういう関係を一つ一つ知って、畠山氏は自分の生活する地域の理解を深めた。その知的探求の歩みが書かれている。生活と直接係わる専門知識が蓄積され血肉になって、それが現在の植林運動を支えている。その運動は彼の生きる地域の姿を美しく変えつつある。またそれを子供たちに教えたいという先生が出てきて、畠山氏は子供向けの『漁師さんの森づくり　森は海の恋人』を書いた。実践論の教科書だ。

安藤忠雄氏は東京大学大学院で講義をしている。その講義録『建築を語る』（一九九九年）は出版されるや、アッという間に一〇刷をこえた。『連戦連敗』（二〇〇一年）という続編の講義録も出た

（ともに東京大学出版会）。書かれているのは自己の建築体験であり、知的探求の歩みであり、何よりも人生である。そこには安藤氏の人生観・社会観・学問観がもりこまれいる。血肉になった知識だからきわめて実践的である。

洋学は富国強兵の「強い文明」になるための学問であった。畠山氏の仕事も安藤氏の仕事も自力・独学の学問であり畠山漁業学、安藤建築学となづけうる。彼らの学問は地域おこしや町づくりにかかわる。両氏に代表される日本に芽生えてきた新しい生きいきとした学問・教育は、一世紀以上にわたって吸収につとめた洋学の成果をふまえつつ、第一に、自力で立てる自分学、第二に、地についた実践の地域創造学、そして第三に、ひろく社会の変革につながる新日本建設のための文明学、なかんづく「強い文明」よりも「美しい文明」を戦略的に構築する文明創造学に育っていくのではないか。最後に文明について触れて結びたい。

「美の文明」へのプレリュード

二〇〇一年九月十一日の同時多発テロは「文明（の衝突）」が二十一世紀に深刻な問題になることを告げている。ブッシュ大統領はテロリストを「文明」に挑戦した「悪漢（evildoers）」と呼び、悪を断固処断すると叫んだ。アメリカが拠って立つ文明の価値観が「悪」に対する「善」であることを内外に繰り返し訴えたのである。そして二〇〇二年一月の一般教書演説ではアメリカ文明の対抗する者を「悪の枢軸（axis of evil）」と呼んだ。

「善」対「悪」というアメリカの図式は目新しくはない。冷戦期にレーガン元大統領はソ連を「悪の帝国（evil-empire）」と呼んでいた。

日本も同じ脈絡で五五年前に処断された。「彼ら（日本人）は文明に対して宣戦を布告した。我々はここで全世界を破滅から救うために文明の断固たる闘争を開始している」――これは一九四六年六月の極東国際軍事裁判（東京裁判）における主席検察官ジョセフ・キーナンの長い冒頭陳述の最初の文章である。「野蛮」の日本が「文明」のアメリカに裁かれたのである。もっともアメリカに日本を裁く資格があったかどうかは、アメリカ人の中でも疑問があった。アメリカ人のミアーズ女史は『アメリカの鏡』という書物で、日本の「悪事」である侵略による植民地支配はアメリカ自体がやってきたことであり、日本を裁くことは自己（米国）を裁くことだと論じてマッカーサーを怒らせた。

ともあれ、アメリカ文明が「善」という価値観に立っていることは明瞭である。アメリカ文明に反するものは「悪」の烙印を押される。

アメリカが「悪」を罰するために報復の軍事行動に出たことには異論があろう。それはアメリカの「善」が独善ではないかという危惧と結びついている。

そこで、文明が依拠する価値について考えておきたい。

善と同レベルにある価値をあげるならば「真・善・美」と並べられるように真・美がある。善に悪という負の価値が対応するように、真には偽、美には醜が対応する。

「真・善・美のどれが大切か」という問いは愚問であろう。いずれも大切だ。しかし、力点の置きようがある。私は敢えて二十一世紀の文明がよって立つべき価値は真や善にも増して、美ではないかと思う。それには三つの理由がある。

第一に歴史的理由である。価値観の力点が真-善-美と移ってきた。近代初期には明らかに「真」に力点があった。十七世紀は「科学革命」の時代であり、自然界に働く真理を解明することが重大関心事であった。ニュートンはその代表である。

科学法則は応用ができる。科学が技術と結びついて産業革命が起こった。その結果、巨大な富を持つ有産者と無一物の無産者との間に格差が生まれた。それは富を獲得する自由を正当と認めるか、獲得した富を平等に分けるのを正当と認めるかの争いを生んだ。何が「善」かという問題へと力点が移ったのである。二十世紀には、富の自由な追求を正義の体系（イデオロギー）とする自由主義圏と、富の平等な分配を正義の体系とする社会主義圏との二大陣営の争いになった。イデオロギーは正義の体系であり、いわば独善である。冷戦は二つの独善の闘争であったと総括しうる。

だが、チェルノブイリの原発事故を契機に環境問題は体制の違いを超える重要な危機意識を生んだ。二酸化炭素排出による地球温暖化が国境や体制を超えていることは自明であり、地球の人類社会全体にかかわっている。資本主義であろうが、社会主義であろうが、前者は自由主義、後者は計画経済というやり方の違いはあるが、大量生産と大量消費が大量廃棄をともない、それが環境汚染を生む点では同じである。汚染に対しては環境を保全しようという運動がおこり、「地球を汚してはならない」という共通の意識を生みおとしている。汚してはならないというのは価値観としては「美」に立っているのである。

このように過去四世紀の間に、真から善へ、善から美へと価値の力点が移ってきているのである。

第二の理由は、地球と結び付く価値は、真でも善でもなく、美にあるからである。地球が真であるか偽であるかを問うのは適切ではない。同じように、地球が善であるか悪であるかという問いも適切ではない。しかし、地球が美であるか醜であるかを問うのは適切であろう。地球は美しいという価値と親縁性がある。宇宙に浮かぶ地球は、その四六億年の歴史の流れを経過するうちに、火の球から水の惑星へと華麗に転身した。それは地球を構成する生物・非生物が多様なものに分化する過程でもあった。今西錦司は「進化とは棲み分けの密度化」だと言ったが、それは生物種（今西の言葉では「種社会（スペシア）」）が異なる生物種に分化し、独自の時空間を作り上げていくことを意味していた。進化とは分化である。分化とは、別言すれば、多様化である。多様な生物種が織り成す地球の景観が人々の間に美しいという感動を与えるのである。美は多様性のなかにあるとも言えるだろう。遠い宇宙空間から見たときの地球の色は青い。それは生命を育む水の色である。美しい「水の惑星」にふさわしい環境を取り戻そうという運動は、多様な地域、多様な生物のいる景観の回復である。

第三の理由は、日本人が水に託して「美」を大切にしてきたことによる。美の保全は地球環境問題の課題であろう。「水の惑星」地球の環境汚染のなかでもっとも深刻なのは水の汚染である。日本では不思議なほど水は美と結びついている。「みずみずしい」「水もしたたる」「水際立った」「水茎《くき》のあと」など、水は日本人の美意識をつちかった。水をもって独自の審美観を養ってきた民族を私は日本人以外に知らない。二十一世紀の地球環境問題を前にして、水の審美観に長けた日本人の出番が来たといってもよいだろう。

武者小路公秀

日本は世界のために何ができるか

「和」の再解釈による世界の日本化の克服

問題提起

明治の開国以来、日本外交は、日本が文明国であることを立証して、先進諸国の一員に迎えてもらうことに腐心してきた。フランスの外交史家ルヌヴァンが言っているように、国の外交スタイルは歴史的経験にもとづいてつくられ、なかなか改めにくいものである。かねがね、今日の日本がなぜこんなにまで対米追随に徹しているのかという疑問をもち、一応の結論として、やはり明治以来の文明国の仲間として認めてもらうことへの病的な執着がその根底にあるという考えに到達した。

ところが、である！　今回の反テロ戦争においてブッシュ大統領が「文明の側につくか、テロの側につくか？」ということをいって、すべてのイスラーム諸国ばかりか、反米のはずのキューバのカストロまでが、文明の側につくことを約束している。世界のすべての政府は、本音はともかく、文明礼賛の大合唱のうちに、米国の覇権に追随することになった。

いまや、世界諸国は、明治以来の日本のように「文明の側につかず、野蛮の側についている」といわれることをおそれて、文明諸国大連合への参加をその外交方針に根底にすえている。世界は今や、すっかり日本化してしまった観がある。これは、日本がもはや孤立した対米従属国家でなくなったという意味で喜ぶべきことかもしれない。

しかし、文明には西欧文明以外にすくなくともイスラーム文明も仏教文明もあり、その立場にたつ国々、人々がいて、強引な米国の文明戦略に異議を唱えない限り、テロの原因になっているグローバル商品化文明への世界の人々の怒りを静めることはできない。このさい、せめて日本だけでも、このことを主張して、世界の日本化に敢然と立ち向かうべきではなかろうか?!

日本外交の非業の克服

今日の米国グローバル覇権のもとで、世界はポストコロニアリズムの第二期に入ろうとしている。第一期は、第二次大戦後の植民地独立の時代で、それは冷戦のもとでの西側＝北側の新植民地主義と、南側の新国際経済秩序を中心とする重商主義的な国家単位の従属からの離脱の試みの時代であった。この時代は、石油危機にはじまる累積債務問題で南の国々がグローバル化する北側のネオリベラル攻勢の前に敗退して、一九八〇年代に終わった。この時代に勝利した北側は、米欧日先進工業民主主義ブロックによって代表されていた。こうして、日本はこの時代に、明治以来の欧米列強に伍する地位を、一九四五年の敗北にもかかわらず、あるいはそのおかげで獲得することができたといえよう。

ポストコロニアリズムの第一期の最後、一九八〇年代には、非西欧諸国の近代化・グローバル化の成功例として日本およびその周辺のＮＩＥｓ諸国の開発モデルがもてはやされた。日本にはじまる和魂洋才の脱亜入欧路線が、儒教資本主義などとよばれたので、ある意味で、ポストコロニアリズムは、日本に続いて資本主義世界経済に参入する時代とみなされそうになっていた。しかし、そこに一九九〇年代のポストコロニアリズムの第二期がはじまった。これは、経済的には、日本のバブル崩壊からアジア金融危機にいたる第一期成功物語の全面否定と、米国中心のネオリベラル・グローバル・スタンダードをもとにした大競争の時代という性格をもっている。南北の境界線を無視して、この大競争に従属する中小商工業と農業とその恩典から排除されるマイノリティなどのインフォーマルセクターとを搾取する、新しい植民地主義の時代に入ったのである。

日本は、一九八〇年代の見かけ上の優勢も水泡に帰し、もっぱら米国資本の導入によるグローバル化への適応にはげむ時代に入っている。政治的には、冷戦期の多極化のもとでの米欧日共同覇権とはまったく異質の、米欧日三位一体の体制が米国を父なる神として成立している。つまり、冷戦後の多極化への動きを制する米国の一極・一方主義的な支配体制が、反テロ戦争をきっかけに確立した。日本は、この新しいポストコロニアル時代には、米国の金融攻勢に晒されつつ、米国のグローバル総力戦国家連合軍事・警察体制の一翼を担うことになっている。

世界の日本化（実は世界各国の指導層だけの日本化）は、こんな状況の下で起こったのである。しかし、イスラーム諸国の日本化は、決して日本のように無条件に米国に追随するものではなく、和魂洋才ならぬ、イスラーム魂米財の二面性を備えている。問題は、この状況のもとで、日本が魂までもグローバル・スタンダードに売り渡さないですむか、ということであろう。

日本外交の問題をこのように規定してしまうと、なにか現代ばなれのした日本主義のように聞こえるかもしれないが、バブルがはじけた今日の日本社会全体の自信と活性・創造性の喪失をのりこえるためには、あらためてわれわれのアイデンティティの問題を直視する必要がある。そのことを大変強く意識した結果、「神の国」発言をした首相がいたことは忘れられがちだが、日本がグローバル大競争のなかで生き残るために、たとえインドからでもＩＴの技術者を招きいれようとした同首相は、外国人の大量流入によって日本人の結束が破れることを心配しての発言であったと考えられる。問題は、日本人のアイデンティティを、世界の他の諸民族、諸エスニック集団のアイデンティティを排除する明治以来の日本中心主義の形でしか自覚できないか、あるいは、むしろ非西欧、アジア地域、そのなかの日本に住む非日本人との共生の世界のなかで確立できるか、という大問題である。このようなアイデンティティの確立は、日本列島を多民族列島に変えずにはおかない今日のグローバル化のもとでは、日本の生き残りの大前提である。日本外交のグランドデザインも、この多文化共生の国際的、国内的実現を目指すものでなければならない。

このことを理解するためには、明治以来の日本のアイデンティティを支えてきたイデオロギーの二面性を認識してかかる必要がある。同じ首相の、「神の国」日本中心主義発言とＩＴ国際化での外国人歓迎発言とは、矛盾しているように見えるけれども、実は、相互補完的である。明治近代国家の樹立以来の、日本外交のグランドデザインは、この首相の発言によく要約されている。日本は文明国に伍するために、あらたにＩＴ技術のお雇い外国人を雇うべきことと、列強に対抗して国づくりを推進するために、和魂を失わず、天皇のもと均質な国民を強力にまとめる国家をつくることを可能にしたイデオロギー＝「日本神国」を教育の中心にすえる、そういう内政あっての日本外交という発想が、われわれ今日の日本人のアイデンティティの模索と日本外交のグランドデザインとを同時にゆがめているように思われる。

明治以来、日本外交のグランドデザインは、かなり複雑な、自己中心主義と対外順応主義との組み合わせによって、極端な適応主義と極端な侵略主義のあいだを行きつ戻りつしてきた。それは、明治日本は、文明国でないということで押し付けられた不平等条約の改正以来、文明諸国に伍することを最高の目標としてきたからである。

このことを裏返しにして表現しなおせば、文明諸国つまり欧米諸国または米欧諸国から仲間はずれにされることを、日本外交は、何をおいても避けなければならない国家としての破綻とみなしてきた。これに、日本の中国侵略に対するいわゆる列国干渉に答える「臥薪嘗胆」政策、裏返しにしていえば、文明国の中の最強国を同盟国にしておかないと日本は破滅するという恐怖感が日本外交の特徴になってきた。これによって、たとえば幣原外交のような平和外交も、実は平和と日中親善の立場で中国侵略を否定するものではなく、もっぱら侵略が文明諸国、とくに列強の規定する「世界の大勢」に反するという大勢順応主義の結果であった。これに我慢することが出来ずに、むしろ列強を東亜の新体制に順応させようという形で、日本による東・東南アジア侵略が推進された。

東亜新秩序という大アジア主義も、欧米列強から強制される世界秩序に代わって、日本が列強に順応を強制する秩序のことにほかならなかった。このような形で、日本と欧米列強とのいずれがいずれに順応するか、という選択をめぐって、極端な順応主義の反動として極端な侵略主義が現れたのである。日本の敗戦の結果、日本外交の振り子はふたたび大勢順応側に動き、日米関係を日本外交の基軸とすることになった。今日の日本外交は、この対米追随外交のもっとも極端な形をとることになったが、その背後には、振り子のゆれ戻しを可能にする日本の軍事力、対外介入能力の蓄積をはかる意図も見え隠れしている。

そして、日本国内の外交論争はといえば、この振り子をどちらの方向に振らせるか、ということで、対米姿勢にばかり注目している。われわれ日本人が、より建設的な日本外交のグランドデザインを議論することができるようになるためには、この振り子に振り回されている日本社会の再構築が必要である。今日の反テロ戦争がもたらした世界の日本化は、日本にとって、あるいはそのきっかけを与えることになる可能性がある。今、米国のグローバル覇権は世界中の非西欧諸国に大勢順応を強制している。これに対する反作用の揺り返しが生まれるとき、日本はもし自分のアイデンティティ模索が引き起こした振り子現象の誤りを意識したならば、日本化した世界のなかで、親米対反米、親グローバル対反グローバル化でゆれるグローバル社会に別の秩序への動きを志向するような、グランドデザインを世界に向かって提案できるはずである。

和をもって貴しとなす

ところで、「和」ということばが、日本と日本人のアイデンティティを考えるうえでも、日本の歴史的発展を考えるうえでも、日本外交のグランドデザインを考えるうえでも、きわめて大切である。なぜなら、多様なエスニシティの混在を促進するこのグローバル化時代に、日本が経済大国にのしあがれたのは、日本人が、唯一の民族に属し、唯一の国語を持ち、単一の国家を構成しているからだ、とする「和をもって貴し」としているという神話のおかげである。もともと、日本が「和」のくにに、大和と名づけられるころまで、この国では多くのエスニシティが分かれ争ってきた。「和」は、この国のなかの「不和」に終止符をうち、共存と平和とをもたらす、多様性（縄文人・朝鮮人・中国人などの多文化性）を確認する原理であったはずである。聖徳太子の十七条憲法の「和」は、絶対制君主の上からの統一とは反対に、それぞれの氏族、それぞれのエスニック集団の内発的な発展を認めつつ、これらを「さからうことなきを宗とせよ」といって、今風にいえばマルチラテラリズムにもとづくガヴァナンスを提唱したものである。日本とは全くちがった歴史状況のなかで、アントーニオ・グラムシは、マキアヴェリの「君主」をイタリー反ファシズムの神話に選んだが、われわれは、今日の米国の一方主義的な覇権のもとでのネオリベラル・グローバル化の別の「日本化」(?!)を提唱して、この「和」の理念をグローバル社会、アジア地域社会、日本列島のガヴァナンスの基本原理として確立することができるのではあるまいか？　もちろん、この日本化をすすめる日本が、今のままの日本中心主義の日本であれば、この「和」の主張も、日本に「さからうなかれ」ということになりかねない。したがって、現代の日本が聖徳太子時代の氏族のひとつになって、国連なり国際社会がつくる国際的なまとめの制度を支える中級国になることを明確にすることを条件として提案したい。

残念ながら、この理念は、はるか時代がくだって、日本が、西欧からの植民地主義圧力に抵抗する鎖国によって確立された排他的な均質性を表す言葉に変質した。近代日本では、教育勅語で、

「夫婦相和（あいわ）」するとして儒教的な忠孝を補う徳とされただけでなく、家父長的な天皇のもと、「同和」つまり実は日本国民の〈和〉の外におかれながら、「和」を同じくしてあげるというイタワリの対象になりつづけてきた「部落」を下層に差別する家族国家の原理も「和」ということであった。

このように日本における「和」の歴史をたどってみると、この理念には全く対照的な二つの解釈が存在していることが明らかである。ひとつは、江戸時代以来今日に及ぶ解釈で、「和」とは均質性を認識することで形成される共通のアイデンティティにもとづく結束力とでもいう意味をもっている。これに対して、聖徳太子がその十七条憲法にこのことばをもちいたときには、むしろ分かれ争う大氏族あるいはエスニック諸集団の間で、多様性を相互に認め合って共生するということを意味していた。江戸時代以来今日までの「和」の理解が前提にしている均質性など、聖徳太子の時代には存在していなかった。また、最近までの日本には、聖徳太子の時代のような多民族状況はなくなっており、「和」を多様性と共生を否定する形でしか解釈できない状況が支配してきた。こうして、圧倒的多数の日本民族が少数の異民族を差別しながら、日本の国内経済を富ませ、外国からの圧力に抗して日本民族の均質性と「和」を守り、その力を利用して海外に進出し侵略する体制が、一九四五年以前には軍事力中心に、一九四五年以降は経済力中心に推進されてきた。

現在の日本国内状況と外交関係とは江戸時代から明治時代にかけて構築された排他的な「和」

の理念によって拘束されており、この理念がグローバル化によって自己矛盾をひきおこしていることが、日本外交のグランドデザインが生まれない原因になっている。日本外交のグランドデザインは、したがって日本国内の政治体制・立憲体制がおおはばに変革されることを必要としている。過度の集権をやめ、地域アイデンティティと地域に根ざす国際交流を発展させること、「和」の解釈を一八〇度転換して、日本を多文化共生の国にすることが出来たときに、はじめてグランドデザインを描くことが出来る方向に日本外交の大転換が可能になる。

日本の明治国家も昭和国家も、排他的に解釈された「和」の精神を支えにした「総力戦国家」の形を追い求めてきた。廃藩置県に際して、明治政府は、江戸時代の幕藩体制が備えていた地方アイデンティティを解体するために、同一の藩を分割したり、天領や他の藩と統合することを意識的に進めた。そのおかげで、いまだに地方主義が中央集権の保護下でその補助手段に過ぎない集権化が進められた。このことは、西欧列強からの圧力に抵抗するためにも、また急速な経済発展をするためにも必要であった。

しかし、この傾向を克服することが、今日絶対に必要になっていることは、榊原氏、川勝氏の論文でもはっきりしている。「和」はその場合、多様な地域のあいだの共生と平等互恵という形で再解釈されないと困る。またそう再解釈できれば、日本の内発的な価値としての「和」が、日本列島を構成する各地域の固有の内発文化、固有の内発的な学問をのばしていくことを奨励する価値として、日本が美しい国になるための美的価値としても国際的に注目されるに違いない。

もっとも、そのように「和」が多様性を支えるためには、もうひとつ日本の政治と経済との根底にある排他的な「和」の発想を根本から脱学習する必要がある。

日本外交のもっとも苦手な領域が人権問題であるという話がある。それはなぜか？　表面的にみれば、日本は思想・言論の自由も保障されており、法治国家としての制度も整っている。国家も企業も市民も、教育機関もマスコミも、人権についてかなり配慮もし努力もしている。しかも、この傾向は、「和」という価値によってささえられている。日本国民が一体となって日本国家の繁栄につくすためには、「被差別部落」と「和を同じくして」、すべての日本人が「和」する必要があるとしている政府の公式見解がある。この建前はしかし、かなり多くの例外を認めている。いや、「和」が国家の繁栄に関わる以上、これに貢献していない人々、国家の繁栄のためにはむしろ搾取した方が好都合な人々、日本人間の「和」を強調するためにむしろ無視したり差別したりしたほうが好都合な人々の人権の保障は、排他的に解釈された「和」の理念ゆえになかなか進まない。国連で批判の対象になる日本の人権問題は、とくに部落問題、アイヌ民族問題、在日韓国人・朝鮮人問題、移住者・難民・人身売買被害者の問題である。そのような問題が国連の人権関係の諸会議で取り上げられて、日本が面目をうしなうことが多い。

人権以外の外交問題については、たいていカネで解決がつく。しかし、日本国内の人権問題については日本の経済力をもってしても、世界の「文明」諸国を説得することができない。その結果、人権問題は日本外交の盲点となっているし、この人権問題に関しては米国よりも、人権批判をされる南の国々への共感をもつのが、日本外交の一貫した特色である。日本国家は、一九四五年以前のような人権侵害はもはやしていないが、たとえばいわゆる「従軍慰安婦」軍事性奴隷制の被害者への賠償問題など、古傷に触られるたびに、国際的な人権基準に反発するようになっている。日本国家をささえてきた均質的・排他的「和」の方が人権よりも大事にされるからである。このような排他的な「和」の解釈をやめて、むしろ聖徳太子のむかしに立ちもどって、異なるアイデンティティ集団の間、多文化間の共生という意味の「和」を尊ぶようになれば、人権が日本外交の得意技になることも不可能ではない。

東京都のような地方自治体において、すでに、この二つの解釈が並存していることは、将来に明るい可能性があることを物語っている。東京では、西暦二〇〇〇年に、災害時に「三国人」あるいは「非合法入国者」が蜂起する危険を想定した演習を行ったのと同じ時に、多文化防災訓練が新宿区歌舞伎町のセックス・セクターで行われた。東南アジアはじめ東欧やラテンアメリカから、多くは人身売買された「非合法」なセックスワーカーは、震災などのさいに、日本語のアナウンスが理解できず、傷ついた場合に医師や看護婦と会話ができない。敏速に通訳を必要な地点に派遣するシステムをつくる防災訓練であった。「和」について、この両演習を比較するとき、前者が排他的な日本人だけの「和」、後者がむしろ日本人をふくむさまざまな国籍の住民の多文化的共生としての「和」という価値を体現しているといえよう。グローバル化で日本経済が必要としているＩＴ専門家は外国から招きつつ、日本の「和」を維持するために「神の国」教育を強化するという、排他的な「和」の発想をやめて、むしろ、多文化災害訓練が行われた歌舞伎町など、すでに自然発生的な多文化地帯が日本の主要都市などにできていることに目を向けるべきである。この現状は、排他的な「和」の観点からは警戒されるが、多文化共生の国に日本が生まれ変わることを願う共生的な「和」の立場からは、むしろ歓迎し、一刻も早く日本列島が多文化・多アイデンティティを共生させる美しい列島になることがのぞまれる。

しかし、単に「日本人」による「日本人」についてのアイデンティティの再定義だけで、多文化的な「和」がうまれるわけではない。「日本人」は先ず自分たちの間に多様な違いがあることを認識する必要がある。ジェンダーの違いに始まって、世代の違い、生活圏の違いなどは、排他的な「和」の邪魔として否定されてきたが、多文化共生の「和」を豊かにするエネルギーのもとになる。

このエネルギーはまた、排他的「和」のあたたかさからはずされてきた社会層からももらわなければならない。八〇年前の「水平社宣言」が主張しているとおり、均質・排他的な日本社会の「和」が排除されたものにとってどんなに冷たいか、人間をいたわることがなんであるかを、よく知っているものこそ、日本社会に多文化的な「和」をもたらすことができる。日本列島に住む非日本人たちをはじめ、マイノリティの人々からこそ、「日本人」は多文化的な「和」がどうあるべきかについて学ぶ必要がある。

平和的生存権、人間安全保障、バンドン・プラス五〇

多文化的な「和」の世界をつくるには、以上のような努力を重ねてわれわれ日本人が国内的な「和」の再解釈に到達するべきであるが、それだけでは不十分である。われわれが、先に触れた、地域経済、地域文化、地域の知恵を活性化するためには、日本と外国の境界線を越えて、周辺のアジア諸国を中心にした多文化ネットワークを造る必要がある。そして、われわれは、新しい多文化的な「和」を、日本列島をはじめアジア諸国の各地域を巻き込んでグローカルにつくってい

く必要がある。今日のグローバル化は、ネオリベラリズムの原則に従って、競争力の強い多国籍――といっても米国中心にその資本を操作している――大企業を迎え入れて、地場産業を窮地に陥れ、過密・過疎の国土、創造性や内発性を抑止する文化的危機をつくりだしている。これに対抗して、多文化的な「和」のネットワークを幾重にも組み合わせることで、むしろアジア諸国の各地域の農業、中小商工業の交易、人間交流、社会生活の諸分野での協力と競争を活発に展開していく必要がある。こうすることは、日本列島の各地域の内発的な活性化を可能にするだけでなく、「和」でむすばれた人々の輪を、全アジアに広げていくことにもなる。そうなれば、アジアは、強国日本がその影響力のもとにおく国家・国民市場ではなしに、対等につきあうアイデンティティのちがう人間同士のネットワークの集積となり、日本列島もその中にはめ込まれて、これまでの「日本のアジア」とは全くちがった「アジアの日本」が生まれてくるに違いない。

このような日本をアジアのなかに埋め込む「和」のネットワークを構築するためには、日本政府の内政と外交が市民社会の多文化交流を、従来のように無視ないしは制限することをやめて、これに積極的に協力する必要がある。具体的には、地方自治体の民際外交（たとえば沖縄県の基地返還のための対米外交努力）に協力するのみならず、日本に住むさまざまな民族が自分の祖国と経済協力することを奨励するべきであろう。たとえば、朝鮮民主主義人民共和国の在日国民の祖国への送金や技術協力を制限しないで奨励すべきである。また、新宿歌舞伎町でセックスワーカーとなって母国に送金している人身売買被害者（多くは借金奴隷を経験）が、性的搾取の対象としてでなく、日本の多文化化をたすける正真正銘のエンタテーナーとしてこの街をエスニック交流の町に生まれ変わらせるべきである。

この大転換は、アジア的規模の「和」の中に、日本国内の「和」を埋め込む日本外交のグランドデザインを打ち出すという形で推進されなければならない。このグランドデザインは、のちに説明するように、「和」という理念を、日本国憲法の「恐怖と欠乏を免れ」る平和生存権の共有という形で、米国の自由主義理念につなぐとともに、これを平和共存と平等互恵と読み替えることで、アジア・アフリカの「バンドン・プラス五〇」ともむすびつけることが期待される。こうすることで、日本は「日本のアジア」を志向することをやめて、「アジアの日本」になる道がひらかれる。このことは、しかし日本が米国と決別することを意味するのではない。今日の反テロ戦争によって、とくにアジアなど南で、米国の悪しき覇権主義的介入政策への強い反発が生れている。このことで、同国のニューディール時代以来の人権と民主主義のよき伝統をも否定する時代の流れを変えて、むしろ南北対話が出来る方向に、日本がその「和」の正しい解釈にもとづく「和と共生」の外交を展開する必要がある。そうなれば、今日の対米追随外交よりもはるかに、米国から感謝されるよき日米親善外交になるにちがいない。なぜかというと、このような日本の開かれた「和」の外交は、現在の米国の誤った一方主義による覇権外交を正し、本来の米国の健全な民主主義外交と人権外交にたちもどらせることになるからである。

数年来、日本外交は「人間安全保障」という考え方をうちだしている。歴史的に日本外交が、世界の体制に順応するか、日本のつくる新体制を世界に強制するか、という二つの極端のあいだをゆれうごいてきたことについては、すでに触れた。この日本が、押し付けがましい主張ではなしに、世界のなかで国家のみならず市民たちも支持できる新しい価値を国際社会に提案しているのである。この「人間安全保障」について、日本政府は国連に巨額の基金を提供して、「人間安全保障」基金の新設に貢献し、緒方貞子前難民高等弁務官とアマルティア・セン教授を共同議長とする国連「人間安全保障」委員会の設置にも貢献している。緒方氏は、「人間安全保障」を「恐怖」と「欠乏」からまぬかれた安全な人々の生活として定義している。この定義は、日本国憲法前文にある世界の諸国民が「恐怖と欠乏を免れ」平和に生存する権利という考え方、その背後にあるルーズヴェルト大統領の四つの自由の考え方に密接に関係している。それと同時に、世界の諸国民の平和的な生存を権利として規定することは、多文化共生という解釈をした場合の「和」という価値ときわめて似通った考え方である。

この「和」という考え方は、別の角度からみると、政治的には「平和共存」と、経済的には「平等互恵」をささえる理念であるという側面も存在している。この両理念は、一九五五年にバンドンで開かれたアジア・アフリカ新興諸国の会議を支えた二つの原則である。そして、二〇〇五年を「バンドン・プラス五〇」として、民衆のバンドンを開こうという機運がアジア各地で起こっている。

このさい、一九五五年のバンドン会議に参加した日本も、アジアの「和」のなかに、日本の「和」を埋め込むひとつの実践として、国家レヴェルの外交においても、地域を結ぶ民間外交においても、そして日本列島各地域の多様なアイデンティティを持つ集団間の協力体制においても、このバンドン・プラス五〇をめざす日本とアジアさらにはアフリカやラテンアメリカとのさまざまな対話・協力を進める必要がある。日本のなかの地域学とアジア・アフリカ・ラテンアメリカのなかの地域学をむすびあわせれば、そこには米国中心の洋学にはない古くて新しい知恵を発見することもできるであろう。

現在、日本はユネスコに日本人の事務局長と東京に国連大学の本部をおいているという地の利を活用して、「人の和」を説く「天の時」にめぐまれている。米国とアジア・アフリカ・ラテンアメリカとの経済格差がひろがり、反テロ戦争による文化的な衝突が不可避になっているとき、日本がこの「地の利」と「天の時」を生かして「人の和」を説く外交のグランドデザインを打ち出すことを期待したい。その大前提となることについては、川勝、榊原、姜論文を参照されたい。三論文が提案しているように、美しい世界へ向けての地域活性化と日本列島諸集団の和合、これをもとにした「アジアの日本」への再生をとげることは並大抵のことではできない。できないからこそ、これを志向するグランドデザインが必要である。

編集後記

●本書は、学芸総合誌・季刊『環』第9号「特集　21世紀・日本のグランドデザイン」（二〇〇二年春）に収録した座談会を大幅に加筆修正し、出席者による「座談会を終えて」のコメントを付し編集し直したものである。同特集では、外交、地域、経済、芸術、言語、教育、学問、環境など、さまざまな分野の第一線の論客総勢六十人余から、二一世紀の日本をいかに創っていくべきか、具体的な提言をご寄稿いただいた。この座談会は、その特集の中核をなすものである。

●収録当日は、東京・神田の山の上ホテルの一室にて、武者小路公秀氏のコーディネートのもと、川勝平太、姜尚中、榊原英資の各氏が、持論をもとにしつつ四時間余に及ぶ熱のこもった討論を展開された。多忙な日程のなか快くお集まり下さった川勝平太、姜尚中、榊原英資の各氏、ならびに巧みな司会で終始議論を先導された武者小路公秀氏に、心よりお礼申し上げたい。

●お読みいただいて明らかなとおり、各出席者とも、現在の日本が直面する問題を、一朝一夕に改革できるものとは考えていない。問題は多岐にわたっているが、その根を深くたどっていけば現代日本の「設計図」という巨大な対象につきあたる。いま求められているのは、この設計図を改めて描き直すことなのである。

●本書の議論で呈示された新しい設計図は、当然ながら四者同一のものではない。しかし、議論を重ねるなかで、外交の枠組みを根本的に変えていくことと、各地域の力を引き出していくことが結びつき、そのために今日本人としての力が求められていることが、共通の認識として浮上した。

●設計図は、あくまで設計図でしかない。それをもとに現実の「日本のかたち」を新しく創り上げていくには、日本人すべての力が結集されねばならないことはいうまでもない。本書がその契機としての役割を果たせれば幸いである。多くの読者諸賢のご意見をお待ちする次第である。（編集部）

編者紹介

武者小路公秀（むしゃこうじ・きんひで）

1929年生。上智大学国際関係研究所長，国連大学副学長等を経て，現在，中部大学中部高等学術研究所所長。専攻，国際政治学。著書『転換期の国際政治』（岩波書店）『社会科学をひらく』（共著，藤原書店）ほか，監訳書にＳ・ウィットワース『国際ジェンダー関係論』（藤原書店）ほか。

著者紹介

川勝平太（かわかつ・へいた）

1948年生。早稲田大学教授を経て，現在，国際日本文化研究センター教授。専攻，比較経済史。著書『海洋連邦論』（ＰＨＰ研究所）『文明の海洋史観』（中央公論新社）『海から見た歴史』（編著，藤原書店）ほか。

姜 尚 中（かん・さんじゅん）

1950年生。東京大学教授。専攻，政治思想。著書『オリエンタリズムの彼方へ』『ナショナリズム』（岩波書店）『東北アジア共同の家をめざして』（平凡社）ほか多数。

榊原英資（さかきばら・えいすけ）

1941年生。大蔵省財務官を経て，現在，慶應義塾大学教授。専攻，経済学。著書『21世紀への構造改革』『進歩主義からの訣別』（読売新聞社）『新しい国家をつくるために』（中央公論新社）ほか多数。

新しい「日本のかたち」　外交・内政・文明戦略

2002年５月30日　初版第１刷発行©

編　者　武者小路公秀《むしゃこうじきんひで》

発行者　藤　原　良　雄

発行所　株式会社 藤　原　書　店

〒162-0041　東京都新宿区早稲田鶴巻町523

電　話　03（5272）0301

ＦＡＸ　03（5272）0450

振　替　00160-4-17013

印刷・製本　モリモト印刷

落丁本・乱丁本はお取替えいたします
定価はカバーに表示してあります

Printed in Japan
ISBN4-89434-285-5